성령의 열매

선택이 아니라,
저항할 수 없는 성령의 능력으로
반드시 맺어야 할 하나님의 명령

성령의 열매

그 사랑의 빚진 자
이 승 록

선택이 아니라,
저항할 수 없는 성령의 능력으로
반드시 맺어야 할 하나님의 명령

성령의 열매

지 은 이	이승록
펴 낸 이	김명순
편 집	김화영
디 자 인	장다인
펴 낸 곳	조이플북스
초판발행	2022. 10. 10
출판신고	2018년 11월 22일 제2018-000134호
주 소	서울시 송파구 새말로 8길 26, 2층
전 화	Tel. 02) 2043-0191 / Fax. 02) 6455-4822
홈페이지	https://joyfulbooks.modoo.at

■ ISBN 979-11-980313-0-3
■ 정가 12,000원
■ 파본은 바꾸어 드립니다.

저자와의 협의에 따라서 인지는 붙이지 않습니다.
이 책에 사용된 성경본문은 대한성서공회와 정식 계약하여 사용하였습니다.

- 이 책은 2019년 서울성서침례교회 주일 오전 예배에서 설교한 내용을 정리한 것입니다.
- 이 설교에 인용된 내용은 특성상 각주를 달지 않았으며, 설교 때 출처를 밝혔습니다.

조이플 북스는 '조이플 선교회'의 출판 브랜드입니다.
조이플 북스에서는 여러분의 소중한 원고를 기다리고 있습니다.
책 출판에 관해 제안해 주실 내용이 있다면, 언제든지 상의해 주시기 바랍니다.
이메일 books@jfm.kr

목 차

말씀의 자기 언어화 ………………………………………………………… 13

통제할 수 없는 힘, 저항할 수 없는 능력 ……………………………… 27

사랑 _ 모든 것을 변화시키는 시작 ……………………………………… 41

희락 _ 자기 틀에서 벗어나는 시작 ……………………………………… 55

화평 _ 두려움에서 벗어나는 시작 ……………………………………… 73

오래 참음 _ 믿음을 완성해 가는 시작 ………………………………… 87

자비 _ 고통을 함께 나누는 시작 ………………………………………… 103

양선 _ 자기 유익을 내려놓는 시작 ……………………………………… 119

충성 _ 자기 본질을 드러내는 시작 ……………………………………… 133

온유 _ 세상을 가슴으로 품는 시작 ……………………………………… 149

절제 _ 불필요한 것을 덜어내는 시작 …………………………………… 167

책을 열면서

평소 설교를 준비할 때 강단에서 전할 내용을 원고에 모두 기록 합니다. 저 자신의 말씀의 깊은 깨달음과 논리적인 정리를 위해서 그리고 가급적 강단에서 불필요한 말을 피하기 위해서입니다.

토요일 밤이 되면 원고를 큰 소리로 빠르게 읽다가 발음이 잘 되지 않거나 말이 꼬이는 문장이 있으면 수정하기를 서너 번 반복합니다. 왜냐하면, 설교 중 인용된 다른 사람이나 책의 내용은 타인의 말이기에 저에게 익숙지 않기 때문입니다. 그래서 제게 익숙한 단어로 바꾼 후에 다시 읽습니다. 설교자가 설교를 자기 언어로 바꾸지 못하면 그 설교를 듣는 청중에게는 더 이해하기 어려운 설교가 될 수밖에 없습니다. 이런 과정을 통해 원고를 숙지하고 나면 토요일 자정에 이르게 됩니다.

설교문이 대부분 구어체로 작성되다 보니 문법적으로 완전하지 않고 매끄럽지 못하다는 사실은 잘 알고 있습니다. 그런데도 출판하게 된 계기는 교회 처음 방문하신 분께 드릴 선물로 성령의 열매 시리즈 설교를 책으로 만들고자 하는 마음에 원고만 정리하고 있었습니다. 그런데 어느 날 성령의 열매 시리즈 설교를 영상으로 본 분이 책으로 발간해 달라며 출판비를 보내오셨습니다. 그래서 하나님의 뜻으로 확신을 가지고 용기를 내서 출판을 하게 되었습니다.

이 책을 설교집으로만 출판하기 아쉬워서, 소그룹 나눔 교재로 활용할 수 있도록 각 장마다 세 개의 질문을 넣었습니다. 한 주에 한 장의 내용을 읽은 후 목장이나 부서 모임에서 세 개의 질문과 함께 삶을 나누면 더 유익하리라 생각됩니다.

비록 저의 손을 통해 기록된 책이지만, 저는 단지 하나님의 도구일 뿐 모든 것이 하나님의 은혜임을 고백하며 감사드립니다. 부족한 제가 이 책의 내용을 설교할 수 있도록 믿어 주시고, 강단을 맡겨주신 서울성서침례교회 성도님들께 깊이 감사드리며 이 책을 바칩니다. 바쁜 시간 속에서도 원고 수정을 도와준 김봉연 자매님과 조카 민조에게도 감사의 마음을 전합니다. 그리고 이 책을 출판할 수 있도록 큰 금액을 후원해 주신 익명의 자매님과 '조이플 북스' 대표 김명순 목사님께 감사드립니다.

무엇보다 늘 말없이 곁에서 격려해 준 사랑하는 아내와 "아빠 설교가 최고!"라고 응원해 준 딸 단비와 아들 영빈이에게 고마움을 전합니다. 그리고 부족한 사위에게 늘 고맙다며 칭찬을 아끼지 않으시는 장모님, 이 내용을 설교할 때마다 기도로 함께 해주셨던 든든한 기도의 후원자, 지금은 천국에 계신 어머니, 사랑합니다.

2022년 10월

말씀의 자기 언어화

¹⁰제자들이 예수께 나아와 이르되 어찌하여 그들에게 비유로 말씀하시나이까 ¹¹대답하여 이르시되 천국의 비밀을 아는 것이 너희에게는 허락되었으나 그들에게는 아니되었나니 ¹²무릇 있는 자는 받아 넉넉하게 되되 없는 자는 그 있는 것도 빼앗기리라 ¹³그러므로 내가 그들에게 비유로 말하는 것은 그들이 보아도 보지 못하며 들어도 듣지 못하며 깨닫지 못함이니라 ¹⁴이사야의 예언이 그들에게 이루어졌으니 일렀으되 너희가 듣기는 들어도 깨닫지 못할 것이요 보기는 보아도 알지 못하리라 ¹⁵이 백성들의 마음이 완악하여져서 그 귀는 듣기에 둔하고 눈은 감았으니 이는 눈으로 보고 귀로 듣고 마음으로 깨달아 돌이켜 내게 고침을 받을까 두려워함이라 하였느니라 ¹⁶그러나 너희 눈은 봄으로, 너희 귀는 들음으로 복이 있도다 ¹⁷내가 진실로 너희에게 이르노니 많은 선지자와 의인이 너희가 보는 것들을 보고자 하여도 보지 못하였고 너희가 듣는 것들을 듣고자 하여도 듣지 못하였느니라 (마태복음 13:10~23)

"너는 고페르 나무로 너를 위하여 방주를 만들되 그 안에 칸 들을 막고 역청을 그 안팎에 칠하라" (창세기 6:14)

하나님께서 세상을 물로 심판하시기 전에 노아에게 방주를 만들라고 명령하셨는데, 여기서 말하는 '방주'는 현재 우리가 사용하는 배와는 전혀 다릅니다. 방주가 히브리어로 '테바'인데, 창세기에서 노아가 만든 방주와 출애굽기에서 모세를 넣었던 갈대 상자가 '테바' 였습니다.

방주와 갈대 상자는 네 가지 특징이 있습니다.

첫째, 배를 움직이는 동력이 없습니다. 그 이유는 인생의 원동력은 하나님이시기 때문입니다. 둘째, 방향을 정하는 키가 없습니다. 인생의 방향 또한 하나님께서 결정하시기 때문입니다. 셋째, 배를 멈추게 하는 닻이 없습니다. 인생은 오직 하나님에 의해 가고 서야 하기 때문입니다. 넷째, 밖을 바라보는 창이 없고, 지붕 쪽에 빛이 들어오는 창문이 있었습니다. 인생은 오직 빛 되신 주님만 바라보고 살아야 하기 때문입니다.

비와 홍수를 단 한 번도 경험해 보지 못한 노아에게 방주에 동력이 있고, 방향키가 있고 닻이 있다고 한들 그 거대한 홍수 가운데서 어떻게 살아날 수 있겠습니까? 하나님께서 방주의 동력과 방향키와 닻이 되어 주셨기 때문에 방주가 가장 안전한 곳에 정박할 수 있었습니다.

모세를 나일강에 띄울 때 만들었던 '갈대 상자'도 '테바' 였습니다. 나일강은 총길이 6,650km로 세계에서 가장 긴 강입니다. 모세의 아버지가 동력도 방향키도 닻도 없는 '갈대 상자'에 모세를 넣은 후 나일강에 띄웠습니다. 갈대 상자가 그 긴 강에서 바로의 딸이 목욕하는 시간에, 그 장소에 도착해서 멈출 수 있는 확률은 몇 퍼센트나 되겠습니까?

원하는대로 도착했어도, 만약 그녀의 마음에 모세를 향한 긍휼의 마음이 없었다면 모세는 어떻게 되었을까요? 그 당시 모세의 부모만이 아니라 다른 부모들도 혹시나 하는 마음에 아이들을 나일 강에 띄웠을 것입니다. 바로의 딸이 볼 때는 모두 노예의 아이들이었습니다. 그런데 모세를 본 순간 모성애가 발동했고, 그를 바로의 궁으로 데려갔습니다. 과연 이게 우연일까요?

이처럼 방주나 갈대 상자는 배로써 갖추어야 할 아무런 안전장치가 없었지만, 가장 좋은 결과를 얻게 되었습니다. 그 이유는 하나님께서 노아와 모세와 함께하시며 그들의 인생에 개입하셨기 때문입니다.

각자에게 묻고 싶습니다.

첫째, 당신의 인생을 움직이게 만드는 동력은 무엇입니까? 노아의 방주나 모세의 갈대 상자처럼, 당신의 인생을 움직이는 동력은 하나님이셔야 합니다. 당신의 인생을 웃고 울게 만드는 것은 명예나 주식이 아니라 하나님이셔야 합니다.

둘째, 그럼 어떻게 해야 하나님을 인생의 원동력으로 삼을 수 있습니까? 제가 반복해서 하는 말이 있습니다.

"참된 믿음은 하나님에 대한 바른 지식에서부터 시작한다."

한 사람을 사랑하는데, 그가 무엇을 좋아하는지 모른다면 그것은 사랑이 아니라 정욕입니다. 당신이 하나님을 사랑한다고 말하는데 하나님에 대해 알지 못하고 있다면 그것은 사랑이 아니라 미신입니다. 신에 대해서 모르는 것, 그게 미신입니다. 모든 믿음의 시작과 완성은 하나님에 대한 바른 지식에서부터 시작한다는 사실을 꼭 기억해야 합니다.

셋째, 당신은 하나님에 대해 무엇을 얼마나 알고 있습니까? 그리고 하나님에 대해 안다는 근거는 어디에 있습니까? 성경에 대한 바른 깨달음에서부터 하나님을 아는 지식이 시작됩니다. 그래서 우리는 성경으로 돌아가야 합니다.

이 세 가지 질문을 기억하면서 계속해서 읽어보십시오.

마태복음 13장의 첫 번째 단락은 1절부터 9절로 씨를 뿌리는 자가 씨를 뿌리고, 그 씨가 길 가와 돌밭과 가시떨기와 좋은 땅에 떨어지는 것에 대한 이야기이며, 세 번째 단락은 18절부터 23절까지로 씨와 네 가지 땅의 비유에 대한 설명입니다. 그리고 첫 번째 단락과 세 번째 단락 사이에 예수님과 제자들의 대화가 나오는데, 그 대화를 자세히 살펴보면 하나님의 말씀을 받는 사람의 태도가 어떠해야 하는지 명확하게 알 수 있습니다.

이 장에서 같이 나누고 싶은 중심 말씀은 바로 10~17절입니다. 제자들이 예수님께 왜 비유로 말씀하시는지 여쭤봤을 때, 13절에서 다음과 같이 대답하십니다.

> "그러므로 내가 그들에게 비유로 말하는 것은 그들이 보아도
> 보지 못하며 들어도 듣지 못하며 깨닫지 못함이니라"

예수님께서는 말씀을 듣는 이들이 보아도 보지 못하며 들어도 듣지 못하며 깨닫지 못하기 때문에 비유로 말씀하신다고 하셨습니다. 그렇다면 그들은 왜 말씀을 보고 들어도 깨닫지 못하는 것일까요?

먼저, 자기 삶의 변화를 싫어하기 때문입니다.

> "¹⁴이사야의 예언이 그들에게 이루어졌으니 일렀으되 너희가 듣기는 들어도 깨닫지 못할 것이요 보기는 보아도 알지 못하리라 ¹⁵이 백성들의 마음이 완악하여져서 그 귀는 듣기에 둔하고 눈은 감았으니 이는 눈으로 보고 귀로 듣고 마음으로 깨달아 돌이켜 내게 고침을 받을까 두려워함이라 하였느니라"

하나님의 말씀이 맞긴 맞는데, 그대로 살면 자기가 좋아하는 많은 것을 포기해야 하기 때문에 고의적으로 깨닫는 것을 거부하는 것입니다.

가끔 영적으로 시험에 들었거나 생활이 바르지 못한 성도에게 말씀으로 권면하면,
"목사님, 저도 다 압니다. 다 아는데 현실적으로 그렇게 사는 것이 쉬운 줄 아세요?"

"그렇게 살다 보면 거지되기 쉽고요, 사회 친구들 다 잃고요, 사람들이 미쳤다고 그래요."

그러면 제가 다시 묻습니다.

"그래서 지금 하나님의 말씀대로 못 하시겠다는 겁니까?"
"그렇게 살아야 한다는 것은 알지만, 지금은 안 될 것 같습니다."

이렇게 처음부터 말씀을 일부러 외면하는 사람들이 있습니다. 스스로 자신이 온전한 그리스도인이 되는 것을 싫어하는 사람들입니다. 이런 사람들은 하나님도 어떻게 해볼 수가 없습니다.

다음으로, 말씀을 자기의 것으로 소화시키지 못하기 때문입니다.

"그러나 너희 눈은 봄으로, 너희 귀는 들음으로 복이 있도다"

여기서 말씀하신 '눈으로 보고 귀로 듣고'는 그냥 보고 듣는 것이 아닙니다. 15절에서도 이스라엘 백성이 하나님의 말씀을 눈으로 보고 듣고 있었습니다. 그런데도 그들은 복이 없는 사람들이고, 16절에서 말씀을 보고 듣는 사람들은 복 있는 사람이라고 하셨습니다. 그 차이는 바로 들은 말씀을 자기의 것으로 소화했느냐 소화하지 못했느냐의 차이입니다.

아들이 저보다 키가 조금 더 큽니다. 제가 태어나서 처음으로 아들한테 키 작다는 말을 들었습니다.

"아빠, 왜 그렇게 키가 작아요?"
"뭐라? 태어나서 내 키가 작다는 소리 너한테 처음 듣는다."
"아니 키가 작아서 작다고 하는데 왜 그러세요!"

아들 키가 186cm로 저보다 3cm 더 크다고 저를 아래로 봅니다. 그런데 최근에 고민이 생겼습니다. 저를 닮아서 그런지 살이 찌지 않습니다. 그래서 살을 찌우려고 엄마한테 음식을 부탁해서 먹어도 살이 찌지 않는데, 그 이유는 음식을 먹고 나면 바로 화장실로 뛰어가기 때문입니다. 음식을 많이 먹어도 소화력이 약해서 살이 찌지를 않습니다.

어느 집사님은 저녁에 두부 한 모를 먹는데도 살이 찐다며 걱정하셨습니다. 더 심한 말은 물만 마셔도 살이 찐다는 것입니다. 그런데 그 말이 아주 틀린 말이 아닙니다. 그분은 물에 있는 마지막 영양분까지 다 흡수하는 탁월한 소화력이 있기 때문입니다. 반대로 많이 먹어도 살이 찌지 않는 사람은 먹은 음식을 소화시키지 못하고 바로 배출하기 때문입니다.

말씀도 마찬가지입니다. 주일에 한 번 말씀을 듣는데도 믿음이 쑥쑥 자라는 사람이 있는가 하면, 주일뿐만 아니라 매일 말씀을 읽고, 극동방송이나 인터넷을 통해 말씀을 많이 들어도 믿음이 도통 자라지 않는 사람도 있습니다. 그 이유는 간단합니다. 우리 신체의 에너지와 비슷한 원리입니다. 어떤 사람은 말씀을 들으면 금방 자기 것으로 만들지만, 어떤 사람은 말씀을 많이 들어도 자기 것으로 소화시키지 못하기 때문입니다.

씨뿌리는 자의 비유에는 네 종류의 밭이 나옵니다.

먼저, '길가'는 사람들이 많이 밟아서 딱딱한 땅입니다. 이 땅에는 씨가 땅속으로 들어갈 수가 없습니다. 그래서 새들이 와서 다 먹었습니다. 다음으로, '돌밭'이 나오는데, 그나마 돌밭은 뿌리는 나지만 깊지 못해서 말라서 죽었습니다. 다음으로, '가시떨기밭'은 뿌리가 내리고 줄기가 자랐지만 가시에 찔려서 진액이 다 빠져 죽었습니다. 이 세 밭의 공통된 문제는 씨앗이 아니라, 씨앗을 땅속으로 흡수하는 밭의 상태입니다.

그런데 네 번째 밭이 있습니다. '좋은 밭'입니다. 이 밭은 씨앗이 뿌려짐과 동시에 씨앗을 땅속 깊이 흡수해서 뿌리가 깊이 내립니다. 더군다나 이미 불필요한 것은 다 뽑아버려서 줄기와 잎도 쑥쑥 자랍니다.

그래서 사람이나 밭이나 많은 열매를 맺으려면 받은 것을 깊이 흡수하는 능력이 필요합니다. 특히, 하나님의 말씀을 깊이 흡수해야 그 말씀의 씨앗이 우리 심령 가운데서 자라는데, 우리 마음의 밭이 너무 얕아서 들으면 잊어버리고, 외워도 잊어버리고, 이것저것 하는 사이에 모두 잊어버리게 됩니다.

특히 요즘처럼 코로나19 감염으로 인해 비대면 예배, 소그룹 모임 금지 등과 같은 때를 살아가는 우리에게 개별적으로 하나님과 깊은 만남의 시간이 필요합니다. 그 만남의 시간은 말씀을 묵상함으로 이루어지는데, 단지 말씀을 읽고 성경을 덮을 것이 아니라, 묵상 중에 깨달은 것을 자기 언어로 짧게 기록하는 훈련이 필요합니다. 때로는 한 단어가 될 수도 있고, 때로는 짧은 문장이 될 수도 있습니다.

우리 교회는 이 훈련을 '말씀의 자기 언어화'라고 명명했습니다. 교회 주보에 주일 오전 말씀이 요약되어 있습니다. 그리고 4페이지 하단에 표를 그려놓고, 그 안에 "오늘 받은 말씀을 자신의 언어로 정리해서 한 문장으로 기록해 보세요!"라는 문구가 있습니다. 온라인으로 예배를 드리는 성도들은 댓글로 남기도록 하고 있습니다.

말씀을 전한 후에 3분 정도 피아노 반주가 나올 동안 들은 말씀을 자기 언어로 바꿔서 한 문장으로 쓰고 있습니다. 그리고 목장 모임에서 자기 언어로 적은 내용을 읽으면서 다시 주일에 받은 은혜를 나누고 있습니다. 그러다 보니 이제는 성도들의 기도에서 지난주 말씀을 응용한 기도 내용들이 나오고, 카카오톡의 프로필 글에도 짧게 남기기도 합니다.

많은 분이 주일에 선포된 말에 큰 감동과 은혜를 받고 말씀대로 살기로 결단합니다. 그리고 예배 후에 저와 인사를 나누면서 엄지척도 해주고, "오늘 말씀이 정말 은혜가 되었습니다."라고 말씀도 해주십니다.

그러면 제가 성도님께 조용히 얘기합니다.

"다음 주에 한 번 더 말씀해 주세요!"

그런데 일주일 후에 저를 찾아와서 "지난주 말씀이 여전히 은혜가 되고 있습니다."라고 말하는 성도는 그렇게 많지 않습니다. 기억력이 좋지 않거나 건망증이 있어서가 아니라 들은 말씀을 자기 언어화하지 못하고 있기 때문입니다.

제가 장담합니다. 주일에 들은 말씀을 자기 언어로 바꿔서 한 줄로 정리해 보십시오! 암기하지 않아도 한 번 쓰면 다 외워집니다. 그리고 그 말씀이 계속 생각날 것입니다. 오늘부터라도 들은 말씀을 한 단어이든, 짧은 문장으로든, 아니면 사자성어이든 자기 언어로 정리해서 기록해 보십시오.

어느 제약 회사의 피로회복제 광고 중 "드신 날과 드시지 않는 날의 차이를 경험해 보세요!"라는 말이 있습니다. 저는 이 광고를 보고 영감이 떠올랐습니다. 하나님 말씀을 자기 언어화 한 날과 하지 않은 날의 차이를 경험해 보기 바랍니다. 주일 설교뿐만 아니라 아침에 큐티 후에도 단 한 줄의 자기 언어화의 능력은 대단합니다.

어학연수를 받을 때의 일입니다. 학원 강사가 저에게 듣기 테스트를 받아보라고 했습니다. 강사가 카세트 플레이어로 영어 한 문장을 세 번 들려주면서 받아 적도록 했습니다. 그래서 받아 적었고, 강사가 읽어 보라고 해서 읽었더니 완벽하다고 했습니다. 다른 학생들도 저를 부러워했습니다. 그래서 제가 학생들에게 받아 적은 메모지를 보여줬습니다. 한글이었습니다. 강사가 들려준 영어 문장을 제 귀에 들린 대로 한글로 적었을 뿐입니다.

그리고 학생들에게 말했습니다.

"아니 귀가 있는데 안 들려요? 안 들린 게 아니고 단지 무슨 말인지 모를 뿐이지!"

신학교 기말고사 때, 대학 영어 시험을 봐야 하는데 영어와 담을 쌓은 저라 어떻게 시험 준비를 해야 할지 몰라서 영어 교과서 시험 범위를 다 외웠습니다. 그리고 문제지를 받았는데, 할렐루야! 빈칸 쓰기, 인용하기 등 답이 다 보였습니다. 그런데 후반부에 독해 문항이 나왔는데, 교과서 시험 범위를 암기는 했어도, 독해를 준비하지 못했기 때문에 다 틀렸습니다. 영어책을 아무리 외워도 내 언어로 만들 수 없으면 그 영어는 제 것이 될 수 없었습니다.

예수님께서 천국 비밀의 비유를 말씀하신 후에 마지막으로 하신 말씀입니다.

"귀 있는 자는 들으라 하시니라"

귀가 없는 사람이 있었다는 말씀일까요? 아닙니다. 모두 귀가 있고 예수님께서 하신 말씀을 다 들었습니다. 그런데 문제는 들은 말씀을 자기 것으로 만들지 못했다는 것입니다. 하나님의 말씀을 자기 언어로 바꾸는 것은 쉽지 않습니다. 그러나 반드시 하나님의 말씀을 자기 언어로 바꾸는 훈련은 지속되어야 합니다.

하나님 말씀을 자기 언어로 바꾸기 위해서는

첫째, 깊이 있는 말씀 묵상이 필요합니다.
현대는 깊이 있는 것을 싫어합니다. 뭔가 설명을 조금만 더 하려고 하면 'TMI(TOO MUCH INFORMATION)' 라고 말합니다. 깊이 생각하는 것도 싫어합니다. 그래서 몇억짜리 광고도 14초를 넘기지 않습니다. 그러나 하나님의 말씀은 자기의 것이 될 때까지 계속해서 깊이 묵상해야 합니다.

둘째, 이해한 것을 평소 자신이 사용하는 단어나 문체로 짧게 쓸 수 있어야 합니다.

우리가 흔히 사용하는 단어, '하나님은 영화로우신 분이십니다.'에서 '영화롭다'의 의미는 무엇입니까? 거룩한 삶을 살아야 한다고 할 때 '거룩함'이란 어떤 의미입니까? '이 세대를 본받지 말라'고 했을 때 '세대를 본받는다'는 것이 무엇입니까? 정확하게 이해하고, 그 단어를 자기 언어로 다시 바꾸면 사탄에게 말씀을 빼앗기지 않습니다. 그런데 기독교 용어 중에 추상적인 용어들이 많습니다. 남들이 사용하니 같이 사용은 하지만, 정작 그 의미를 모르고 사용하는 단어가 많습니다.

하나님의 말씀을 많이 읽고 듣는 것도 중요합니다. 그러나 그보다 들은 말씀을 자기 마음으로 흡수하는 것이 더욱 중요합니다. 거기에서부터 믿음은 성장합니다. 하나님의 말씀대로 살지 않기로 역사적 사명감을 가지고 있는 사람이라면 어쩔 수 없습니다. 그러나 하나님의 말씀으로 변화돼서 하나님의 자랑이 되고 싶고, 하나님의 말씀으로 승리해서 세상을 변화시키는 성숙한 믿음의 사람이 되고 싶다면 지금부터라도 하나님의 말씀을 자기의 언어로 바꿔서 한 문장으로 요약하는 습관을 지녀야 합니다.

서론에서 말한 세 가지 질문을 기억하십니까?

첫째, 당신의 인생을 움직이게 만드는 동력은 무엇입니까?
둘째, 어떻게 해야 하나님을 인생의 원동력으로 삼을 수 있습니까?
셋째, 하나님에 대해 무엇을 얼마나 알고 있습니까? 그리고 하나님에 대해 안다는 근거는 어디에 있습니까?

이 세 가지 질문에 대한 답은 모두 하나님의 영감으로 기록된 성경 안에 있습니다. 성경으로 돌아가서 성경을 묵상하고, 묵상한 말씀을 자기 언어로 소화하여 삶으로 실천하는 사람만이 영적으로 건강한 믿음의 소유자가 될 수 있습니다.

이번 성령의 열매 시리즈 말씀을 전하면서, 아홉 가지의 열매마다 말씀의 자기 언어화를 적용했습니다. 이것은 저의 언어입니다. 한 장 한 장 읽으면서 독자의 자기 언어로 바꿔볼 수 있으면 더 깊은 감동이 있을 것입니다.

말씀의 자기 언어화를 위한 질문

* 읽은 말씀을 자기 언어로 바꾸어서 한 줄로 적어 보시기 바랍니다.

다음 세 가지 질문을 읽고 각자 답을 해보시기 바랍니다.

1. 당신의 인생을 움직이게 만드는 동력은 무엇입니까?

2. 어떻게 해야 하나님을 인생의 원동력으로 삼을 수 있습니까?

3. 하나님에 대해 무엇을 얼마나 알고 있습니까? 그리고 하나님에 대해 안다는 근거는 어디에 있습니까?

통제할 수 없는 힘,
저항할 수 없는 능력

'성령' 하면 흔히 기도원이나 부흥회를 연상합니다. 또 크게 소리 지르고, 뛰고, 큰 목소리로 찬양하며 울고, 가슴이 뜨거워지고, 방언도 해야 성령을 받았다고 생각합니다. 만약 성령이 그곳에서 그렇게 임하는 것이라면, 집회를 마치고 기도원을 떠나는 사람들의 모습은 바뀌어 있어야 합니다. 그러나 실상은 그렇지 못합니다. 주차장에서부터 시비가 일고, 여기저기서 거친 행동과 막말을 하는 것을 보면 과연 그들이 성령을 받은 것이 맞는지 의심하지 않을 수 없습니다.

성경에서는 성령을 받는 것에 대해 두 가지로 말합니다. 하나는 구원받았을 때 성령이 우리 안에 들어오시는 것으로, '성령 내재' 라고 합니다.

"너희가 하나님의 성전인 것과 하나님의 성령이 너희 안에 계시는 것을 알지 못하느냐" (고린도전서 3:16)

다른 하나는 내재하시는 성령이 역사하셔서 삶을 이끄는 것으로, '성령 충만'이라고 말합니다. 성령 내재가 성령을 받은 상태라면, 성령 충만은 당신 안에 계신 성령이 당신의 삶을 주장하는 상태를 의미합니다. 성령 내재는 죄를 회개하고 예수 그리스도를 영접하면 한 번에 이루어져 지속되지만, 성령 충만은 영적인 컨디션에 따라 급변합니다. 누구보다 당신이 성령 충만한 사람인지 아닌지 알 수 있고, 다른 사람도 당신을 보면 어느 정도 파악할 수 있습니다. 왜냐하면, 성령 충만은 삶의 열매를 보면 알 수 있기 때문입니다.

어떤 종류의 나무인지는 열매를 보면 알 수 있습니다. 나무가 열매를 맺는 이유는 여러 가지가 있는데, 성경적 의미로 살펴보겠습니다.

"하나님이 이르시되 땅은 풀과 씨 맺는 채소와 각기 종류대로 씨 가진 열매 맺는 나무를 내라 하시니 그대로 되어, 땅이 풀과 각기 종류대로 씨 맺는 채소와 각기 종류대로 씨 가진 열매 맺는 나무를 내니 하나님이 보시기에 좋았더라"
(창세기 1장 11~12절)

하나님께서 천지를 창조하시면서 풀과 채소와 나무를 보시고 좋아하셨습니다. 봄이 되면 세상은 형형색색의 꽃으로 물듭니다. 사람들은 꽃을 보기 위해 여행을 떠나고, 아름다운 자연을 보며 좋아합니다. 그런데 사람들이 식물과 꽃을 보고 좋아하는 것과 하나님께서 좋아하시는 것에는 차이가 있습니다. 사람들은 눈에 보이는 것을 보고 좋아하지만, 하나님은 눈에 보이지 않는 것, 즉 그 안의 생명을 보고 좋아하십니다.

말씀을 다시 보면 그냥 풀과 채소와 나무가 아니라 '씨 맺는 채소'와 '씨 맺는 나무'를 보시고 좋아하셨음을 알 수 있습니다. 이 말은 하나님께서 그냥 풀과 채소와 나무가 아니라, 그들이 품고 있는 또 하나의 생명을 보시고 즐거워하셨음을 의미합니다.

식물이 꽃을 피우고 열매를 맺는 데는 다음과 같은 이유가 있습니다.

첫째, 정체성을 나타냅니다.

"나무는 각각 그 열매로 아나니 가시나무에서 무화과를, 또는 찔레에서 포도를 따지 못하느니라" (누가복음 6:44)

지난 5월쯤, 인천에 있는 교회에 방문했는데 그 교회 옆에 과수원이 있었습니다. 과수원에 하얗게 핀 꽃을 보고, 제가 그 교회 담임목사님께 무슨 나무냐고 물어봤더니 복숭아나무라고 했습니다. 제가 알기로 복숭아꽃은 분홍색 혹은 붉은색인데, 목사님께서 너무 자신 있게 말씀하셔서 그대로 믿을 수밖에 없었습니다. 잠시 후, 그 교회 사모님께서 과수원을 가리키면서 "배꽃이 너무 예쁘지 않아요?"라고 말씀하셨습니다. 그 순간 우리는 모두 목사님을 조용히 쳐다봤습니다. 그곳에서 10년 동안 목회하신 목사님도 매년 핀 꽃을 보면서도 헷갈리셨나 봅니다. 그러나 가을이 되고 열매가 탐

스럽게 맺히면 그 나무가 어떤 나무인지 분명하게 알 수 있습니다.

이처럼 우리도 성령이 내재하고 있는지 아닌지는 눈으로 볼 수 없습니다. 하지만, 그가 살아가는 삶의 현장에서 맺고 있는 열매를 보면 어렵지 않게 알 수 있습니다. 물론, 오늘 구원받고 성령이 그 안에 들어가셨다고 해서 당장 성령의 열매를 맺지는 않습니다. 그가 살아온 삶의 환경이나 죄의 상태에 따라 열매를 맺는 시기의 차이는 분명히 있습니다.

저는 중학교 1학년 때 예수 그리스도를 영접하고 구원받았습니다. 1년 후 부산으로 전학을 가게 되었는데, 낯선 환경에서 처음 만난 친구들과 노는 것이 좋아서 한 달에 한 번 정도 주일 예배에 참석하며 겨우 신앙의 끈을 이어가고 있었습니다. 고등학교 3학년의 6월이 되었을 때 대학 진학과 취업을 결정해야 하는 시점에서 처음으로 진지하게 하나님께 기도하는 시간을 가졌습니다. 그리고 그 시간을 통해 하나님께서 저에게 원하시는 것이 무엇인지를 깨닫게 되면서부터 제 삶의 변화가 시작되었습니다. 구원을 받지 못했거나, 성령이 안에 계시지 않았기 때문에 제 삶이 변화되지 않았던 것은 아닙니다. 교회 밖 친구들과 놀 때도 가슴 한편에 체기를 느끼곤 했습니다. 그것이 저의 죄이고, 그로 인해 성령의 열매가 맺히지 못했다는 사실을 나중에야 깨달았습니다. 여기서 중요한 것은 사람과 환경에 따라 성령의 열매가 맺히는 시기는 달라도, 그 안에 생명이 있으면 언젠가는 반드시 열매를 맺게 되어 있다는 사실입니다. 그리고 그 열매를 통해 참된 믿음을 소유한 그리스도인인 것을 증명해 보일 수 있습니다.

둘째, 번식 혹은 생존입니다.

> "하나님이 이르시되 땅은 풀과 씨 맺는 채소와 각기 종류대로 씨 가진 열매 맺는 나무를 내라 하시니 그대로 되어, 땅이 풀과 각기 종류대로 씨 맺는 채소와 각기 종류대로 씨 가진 열매 맺는 나무를 내니 하나님이 보시기에 좋았더라"
>
> (창세기 1장 11~12절)

성경은 그냥 풀과 채소와 나무가 아니라, 씨 맺는 풀과 채소와 나무라고 말합니다. '씨'는 곧 '생명'을 상징하는 것으로 또 다른 나무의 시작이 됩니다. 꽃은 피었지만, 그 안에 생명이 없다면 그 해로 끝나고, 열매는 맺었지만 다른 나무를 번식시키지 못하면 그 시대로 끝나고 말 것입니다. 하나님께서 지구를 창조하시고 엄청난 세월이 지났음에도 지구가 거대한 생명체로 존재할 수 있었던 이유는 창조부터 지금까지 모든 풀과 채소와 나무가 열매를 통해 또 다른 생명을 번식해 왔기 때문입니다.

"사과나무의 진정한 열매는 사과가 아니라 또 하나의 사과나무이다."

그래야 한 시대의 나무가 죽더라도, 열매를 통해 번식된 나무가 다음 시대를 살아가며 생명의 맥을 이어가게 됩니다.

교회의 성장과 부흥도 마찬가지입니다. 믿음의 선조들이 자기만의 신앙 생활에서 끝나지 않고 환난과 핍박 중에도 복음을 전하는 일을 멈추지 않았기에 오늘까지 교회의 맥이 이어질 수 있었습니다.

예수는 포도나무이시고, 성도는 포도나무의 가지라고 했습니다. 포도나무의 가지는 포도 열매를 맺어야 합니다. 만약 가지가 포도 열매를 맺지 않으면 농부는 그 가지를 잘라내서 불사를 것입니다. 포도나무는 관상수가 아니라 농부에게 수확의 기쁨을 안겨주는 유실수, 즉 열매를 맺는 나무이기 때문입니다.

하나님께서 우리를 구원해 주신 이유는 우리를 천국으로 인도하시기 위함도 있지만, 또 다른 열매를 맺기 위한 이유도 있다는 것을 잊어서는 안 됩니다. 식물의 번식이 또 다른 열매를 맺음과 같이, 하나님 나라의 확장, 교회의 부흥도 먼저 믿은 성도들이 또 하나의 열매를 맺을 때 가능합니다.

셋째, 상생입니다. 다시 말해서 공존하는 것입니다.
풀이 씨앗을, 채소가 꽃을, 나무가 열매를 맺는 이유는 정체성의 확립과 번식을 위한 것만은 아닙니다. 하나님께서 세상을 창조하신 후에 아담과 하와에게 나무와 채소의 열매를 먹도록 하셨습니다. 이것은 식물의 열매는 번식뿐만 아니라, 다른 존재의 필요를 공급해 줌으로 상생(공존)해야 함을 가르쳐 주신 것입니다.

아인슈타인은 "벌들이 지구에서 사라진다면 인류의 삶은 4년밖에 남지 않게 될 것이다"라고 말했습니다. 꽃은 벌에게 꿀을 줍니다. 벌은 그 대가로 꽃가루를 다른 꽃에 전달함으로 더 많은 꽃이 번식하도록 도와줍니다. 만약 이 법칙이 깨지거나 균형이 무너진다면 꽃과 벌 모두 지구상에서 사라지게 됩니다.

이처럼 나무의 열매는 번식만을 위한 것이 아니라, 지구의 모든 생명체가 함께 상생하며 살아가는 아름다운 세상을 만들어 줍니다.

코로나19 감염이 확산하고 있는 상황에서 그리스도인들이 세상과 상생, 즉 공존을 위해 노력하지 않으면 기독교는 사회와 더 심한 갈등 속에 빠져들게 될 것입니다. 사회가 혼란스러울 때 그리스도인들이 선한 영향력을 끼쳐야만 평화로운 시간이 되었을 때 교회가 성장할 수 있습니다.

넷째, 하나님의 말씀에 대한 순종입니다.

창세기 1장과 같이 식물이 열매를 맺는 것은 자연적인 현상이기도 하지만, 궁극적으로는 하나님의 명령에 대한 순종입니다.

> "하나님이 이르시되 땅은 풀과 씨 맺는 채소와 각기 종류대로 씨 가진 열매 맺는 나무를 내라 하시니 그대로 되어, 땅이 풀과 각기 종류대로 씨 맺는 채소와 각기 종류대로 씨 가진 열매 맺는 나무를 내니 하나님이 보시기에 좋았더라"
> (창세기 1장 11~12절)

식물이 열매를 맺고 또 다른 식물을 번식시키고, 서로 공존을 위해 열매를 내어주는 것은 하나님의 명령입니다. 그 명령에 순종함으로써 각기 종류대로 지금까지 생존해 올 수 있었습니다.

비단 식물뿐만 아니라 그리스도인도 마찬가지입니다. 그리스도인이 성령의 열매를 맺는 것 또한 선택이 아니라 하나님의 말씀에 대한 순종임을 잊지 말아야 합니다.

> "거짓 선지자들을 삼가라 양의 옷을 입고 너희에게 나아오나
> 속에는 노략질하는 이리라" (마태복음 7:15)

거짓 선지자들에 대한 메시지인데, 거짓 선지자들은 겉과 속이 다르다고 말씀하십니다.

> "그들의 열매로 그들을 알지니 가시나무에서 포도를, 또는
> 엉겅퀴에서 무화과를 따겠느냐" (마태복음 7:16)

거짓 선지자인지 아닌지 무엇으로 알 수 있습니까? 그들의 열매를 보면 그들의 진위를 알 수 있다고 했습니다.

> "[17]이와 같이 좋은 나무마다 아름다운 열매를 맺고 못된 나무
> 가 나쁜 열매를 맺나니 [18]좋은 나무가 나쁜 열매를 맺을 수 없
> 고 못된 나무가 아름다운 열매를 맺을 수 없느니라 [19]아름다
> 운 열매를 맺지 아니하는 나무마다 찍혀 불에 던져지느니라
> [20]이러므로 그들의 열매로 그들을 알리라" (마태복음 7:17~20)

거짓 선지자(믿음 생활이 아니라 종교 생활을 하는 사람들)는 그 안의 것이 어떻게든 밖으로 나타나기 때문에 그들의 거짓됨이 반드시 눈에 보이게 되어 있습니다.

그리스도인들에게 성령의 열매란 그가 살아가는 모습일 뿐만 아니라, 하나님의 나라를 확장하는 역할을 합니다. 지금까지 성령의 열매에 대해

큰 관심이 없었다면, 이번 '성령의 열매' 시리즈를 통해 바른 가치관이 확립되기를 소망합니다.

식물과 사람의 차이가 있다면, 식물은 한 나무에서 한 가지 열매를 맺지만, 사람은 다양한 열매를 맺는다는 것입니다. 사과나무는 사과 열매를, 포도나무는 포도 열매를 맺습니다. 그러나 사람은 하나의 성령 안에서 다양한 열매를 맺을 수 있습니다. 그 가운데 어떤 열매는 다른 사람에게 생명의 에너지를 주지만, 어떤 열매는 독이 되기도 합니다.

통제할 수 없는 힘, 저항할 수 없는 능력

지금까지 많은 설교를 준비하고 제목을 정했지만, 이번만큼 많은 시간과 고민을 들인 적은 없습니다. 일반적으로 성경 본문 속의 핵심적인 단어나 문장을 제목으로 삼지만, 성령의 열매 시리즈만큼은 다르게 하고 싶었습니다. 그 인고의 시간 끝에 나온 제목입니다.

"통제할 수 없는 힘, 저항할 수 없는 능력"
원제목은 "통제할 수 없는 사탄의 힘, 저항할 수 없는 성령의 능력"인데, 너무 길어서 사탄과 성령은 생략했습니다.

통제할 수 없는 사탄의 힘

사람은 살아가면서 두 가지 영적 영향을 받게 되는데 하나는, 통제할 수 없는 사탄의 힘입니다. 이 영향을 받게 되면 육체의 욕심을 이루는 삶을 살아가게 되고, 육체의 소욕은 성령을 거스르게 됩니다. 때문에 이 영향력 안에 있으면 성령의 열매를 맺지 못합니다.

"오직 성령의 열매는 사랑과 희락과 화평과 오래 참음과 자비와 양선과 충성과 온유와 절제니 이 같은 것을 금지할 법이 없느니라" (갈라디아서 5:22~23)

성령의 마지막 열매가 '절제' 입니다. 절제가 마지막에 나오는 이유가 여러 가지 있겠지만, 모든 행위에는 절제, 즉 자기 통제력이 필요하기 때문입니다. 통제할 수 없는 힘의 영향을 받으며 사는 사람도 성령의 열매와 비슷한 열매를 맺습니다.

사랑, 성령이 없는 사람도 사랑합니다.
희락, 성령이 없는 사람도 기뻐합니다.
화평, 성령이 없는 사람도 화평을 강조합니다.
충성, 성령이 없는 사람이 더 충성할 수도 있습니다.

이 모든 것이 얼핏 보기에는 다 같아 보이지만, 사탄의 열매와 성령의 열매의 결정적인 차이는 바로 '절제' 입니다. 사탄의 열매에는 절제가 없습니다. 예를 들어, 사랑에는 절제가 필요합니다. 절제하지 못한 사랑은 서로를 불행하게 만듭니다. 기쁨도 절제가 필요합니다. 더 큰 기쁨을 얻기 위해 약물을 사용하다 인생을 망친 사람이 많습니다. 화평도 마찬가지입니다. 평화를 지키기 위해 전쟁을 불사하기도 합니다.

이처럼 통제할 수 없는 힘의 영향을 받게 되면 자기를 제어할 힘을 잃게 됩니다. 마치 브레이크가 고장 난 자동차가 고속도로를 질주하는 것과 같습니다. 사탄은 사람들을 스스로 통제할 수 없는 상태로 만들어 죄와 사망의 권세 속에서 통제하려고 합니다.

저항할 수 없는 성령의 능력

다른 하나는, 저항할 수 없는 성령의 능력입니다. 이 영향을 받게 되면 갈라디아서 5장 22~23절의 열매를 맺게 됩니다. 왜냐하면, 당신 안에 성령이 계시기 때문입니다. 사과 DNA를 가지고 있는 나무를 한국이나 미국이나 호주에 심더라도 사과 열매를 맺고, 포도 DNA를 가진 나무는 시대를 불문하고 포도 열매를 맺는 것처럼, 성령의 DNA를 가진 사람은 장소와 환경의 영향을 받지 않고 성령의 열매를 맺게 됩니다. 왜냐하면, 당신 안에서 역사하시는 성령의 능력에 저항할 수 없기 때문입니다. 호두 씨 안에 생명이 있다면 호두 껍데기가 아무리 두껍고 단단해도 새싹이 밖으로 나오는 것을 막을 수는 없습니다. 달걀도 그 안에 생명력이 있으면 병아리가 껍데기를 깨고 부화하는 것처럼, 당신이 아무리 육체의 욕심을 따르고 싶어도 당신 안에서 역사하시는 성령의 능력에 저항할 수 없습니다.

성령의 열매를 맺는 사람의 특징 중 하나는, 육체의 욕심을 버리며(16절), 육체의 욕심을 거스르는 것입니다(17절). '거스르고' 라는 말은 '~로부터 아래 두다' 라는 의미입니다. 저항할 수 없는 성령의 영향을 받은 사람은 육체의 욕심을 그의 발아래 두게 되는데, 이 말은 성령의 일을 방해하는 모든 것을 성령의 능력으로 다스릴 힘을 얻게 된다는 뜻입니다.

우리가 통제할 수 없는 사탄의 힘의 영향을 받으면 제일 먼저 마음을 빼앗기면서 통제 능력을 상실하게 됩니다.

"하나님이 우리에게 주신 것은 두려워하는 마음이 아니요 오

직 능력과 사랑과 절제하는 마음이니" (디모데후서 1:7)

그러나 저항할 수 없는 성령의 능력의 영향을 받게 되면, 자기를 통제할 수 있는 절제의 힘을 갖게 됩니다.

성령의 열매를 맺는 사람의 특징 중 다른 하나는, 율법 위에 서게 되는 것입니다. 사람들은 선함의 기준을 율법이나 도덕적 기준에 둡니다. 바리새인들과 서기관들도 선함의 기준을 율법에 두고 그것을 다 지키는 것으로 자신의 의로움을 드러냈습니다. 그런데 예수님께서는 그들을 향해 가장 더럽고 사악한 자들이라고 말씀하셨습니다. 왜냐하면, 그들은 율법 아래 사는 자들이었기 때문입니다. 반대로 예수님을 믿고 구원받아 저항할 수 없는 성령의 능력으로 사는 사람은 율법 위에 서게 되는데, 그 이유는 율법 안에 갇히는 것이 아니라, 그보다 더 높은 하나님의 말씀에 순종하면서 성령의 열매를 맺기 때문입니다.

지금까지의 내용을 저자의 '자기 언어화'로 기록하면, '성령의 열매는 선택이 아니라 저항할 수 없는 성령의 능력으로 반드시 맺어야 할 하나님의 명령이다.' 입니다. 성령의 열매는 선택이 아니라 하나님의 명령입니다. 아울러 당신의 힘과 노력으로 맺어지는 것이 아니라, 당신 안에 계시는 성령의 능력으로만 맺을 수 있습니다.

만약, 당신이 더 행복하고 풍요로운 삶을 원한다면 지금부터 저항할 수 없는 성령의 능력으로 열매를 맺어 보시기 바랍니다. 기대 이상으로 당신의 삶에, 그리고 하나님과 이웃과의 관계에서 놀라운 기적이 일어날 것입니다.

말씀의 자기 언어화

* 읽은 말씀을 자기 언어로 바꾸어서 한 줄로 적어 보시기 바랍니다.

1. 씨앗을 뿌린 자의 비유에 네 가지이 나오는데, 현재 당신의 영적인 상태는 어느 밭에 해당된다고 생각합니까?

2. 세상의 법(통제할 수 없는 사탄의 힘)과 하나님의 법(저항할 수 없는 성령의 능력) 사이에서 고민했던 적이 있다면 함께 나눠주세요!

3. 어떤 상황에서 내재하시는 성령이 당신을 이끌고 있다고 느껴봤습니까?

성령의 열매 "사랑"

"오직 성령의 열매는

사랑과	………………	모든 것을 변화시키는 시작
희락과	………………	자기 틀에서 벗어나는 시작
화평과	………………	두려움에서 벗어나는 시작
오래 참음과	…………	믿음을 완성해 가는 시작
자비와	………………	고통을 함께 나누는 시작
양선과	………………	자기 유익을 내려놓는 시작
충성과	………………	자기 본질을 드러내는 시작
온유와	………………	세상을 가슴으로 품는 시작
절제니	………………	불필요한 것을 덜어내는 시작

이같은 것을 금지할 법이 없느니라" (갈라디아서 5:22~23)

앞 장에서 갈라디아서 5장 16~26절 말씀을 통해 『통제할 수 없는 힘, 저항할 수 없는 능력』이란 제목을 정한 이유를 설명했습니다.

사과의 DNA를 가진 나무는 사과 열매를 맺고, 포도의 DNA를 가진 나무는 포도 열매를 맺습니다. 이것은 하나님께서 세상을 창조하실 때부터 정하신 자연의 법칙입니다.

나무뿐만 아니라 사람도 마찬가지입니다. 예수님께서 요한복음 8장 44절에서 "너희는 너희 아비 마귀에게서 났으니 너희 아비의 욕심대로 너희도 행하고자 하느니라…"라고 말씀하셨습니다. 악한 영이 안에 있는 사람은 그 아비 마귀가 하던 것과 같이 자기 욕심대로 행합니다. 그래서 그들의 열매는 하나님이 보시기에 악한 것뿐입니다. 그렇지만 "너희가 하나님의 성전인 것과 하나님의 성령이 너희 안에 계시는 것을 알지 못하느냐"(고전 3:16)와 같이 성령이 그 안에 있는 사람은 반드시 성령의 열매를 맺게 되어 있습니다.

성령의 첫 번째 열매인 '사랑'의 자기 언어화는 '모든 것을 변화시키는 시작'입니다.

"오직 성령의 열매는 사랑과 희락과 화평과 오래 참음과 자비와 양선과 충성과 온유와 절제니 이 같은 것을 금지할 법이 없느니라"(갈라디아서 5:22~23)

성령의 아홉 가지 열매가 기록된 순서는 절대적이지 않습니다. 하지만,

사도 바울이 아홉 가지의 열매를 나열할 때는 그 나름의 규칙이나 의미가 있었을 것입니다. 그 중 첫 번째 열매가 '사랑' 입니다.

사도 바울이 아홉 가지 열매 중에서 사랑을 제일 먼저 기록한 이유는 무엇일까요? 성령의 열매는 죄인이었던 사람이 하나님의 자녀가 되어 삶이 변화되었음을 보여주는 가장 확실한 증거입니다. 그 변화의 시작이 바로 '사랑' 입니다. 그래서 모든 삶을 변화시키는 사랑을 제일 먼저 기록했습니다.

가요 중에 "사랑이 무어냐고 물으신다면 눈물의 씨앗이라고 말하겠어요"라는 노랫말이 있습니다. 가수 전영록 씨는 "사랑은 연필로 쓰세요. 쓰다가 쓰다가 틀리면 지우개로 지워야 하니까"라고 하면서, 마치 사랑을 썼다 지웠다 할 수 있는 것처럼 노래했습니다. 또 가수 임병수 씨는 "사랑이란 말은 너무너무 흔해서 너에게만은 쓰고 싶지 않지마는 달리 말을 찾으려 해도 마땅한 말이 없어 쓰고 싶지 않지마는 어쩔 수가 없어"라고 노래했는데, 결국 사랑의 다른 대체어를 찾지 못했다는 말입니다. 이처럼 사랑을 한마디로 정의하기란 참으로 어렵습니다. 그러나 제 나름대로 사랑은 '모든 것을 변화시키는 시작'으로 자기 언어화했습니다.

사랑은 무엇을 변화시키는 시작입니까?

첫째, 사랑은 사람(인생)을 변화시키는 시작입니다.

"하나님이 세상을 이처럼 사랑하사 독생자를 주셨으니 이는 그를 믿는 자마다 멸망하지 않고 영생을 얻게 하려 하심이라, 하나님이 그 아들을 세상에 보내신 것은 세상을 심판하려 하심이 아니요 그로 말미암아 세상이 구원을 받게 하려 하심이라" _(요한복음 3:16~17)

"너희에게 아버지가 되고 너희는 내게 자녀가 되리라 전능하신 주의 말씀이니라 하셨느니라" _(고린도후서 6:18)

마귀 사탄의 자녀였던 우리가 하나님의 자녀로 신분이 바뀌었습니다. 이게 어떻게 가능합니까? 우리가 율법을 잘 지켜 의로운 행위로 말미암아 변화된 것일까요? 아닙니다. 이 모든 변화는 바로 하나님의 사랑에서부터 시작되었습니다.

"우리가 사랑함은 그가 먼저 우리를 사랑하셨음이라"
(요한일서 4:19)

하나님께서 먼저 우리를 사랑하셔서 그의 아들 예수 그리스도를 이 땅에 보내셨고, 예수 그리스도께서 우리를 사랑하신 증거로 우리의 죄를 위해 대신 십자가에 달려 돌아가셨습니다. 그 사랑 덕분에, 하나님과 원수 되었던 우리가 하나님의 자녀로 신분이 바뀌었습니다.

"사랑하는 자들아 우리가 서로 사랑하자 사랑은 하나님께 속한 것이니 사랑하는 자마다 하나님으로부터 나서 하나님을 알고" _(요한일서 4:7)

1948년 10월 19일, 여수·순천 10·19 사건 때 손양원 목사님은 여수 애양원에서 한센병환자들을 돌보고 있었습니다. 당시 반란군인 '안재선' 이라는 사람이 손양원 목사의 두 아들 손동인과 손동신을 친미파, 예수쟁이란 이유로 총살하였습니다. 손양원 목사님은 아들을 죽인 안재선이 체포되어 사형 선고를 받자 그를 용서해 줄 것을 요구했습니다. 또 구타를 금하게 하고 그를 자기 아들로 삼겠다고 하였습니다. 결국 안재선은 손양원 목사님의 가족이 되었습니다.

　하나님께서 아들 예수 그리스도를 십자가에 매달아 죽인 죄인들을 용서하신 사랑을 체험한 손양원 목사님은 자신의 두 아들을 죽인 살인자를 구명하여 결국 자기 아들로 입양함으로 그 사랑을 실천하셨습니다.

　다음은 찬송가 436장의 가사입니다.

　나 이제 주님의 새 생명 얻은 몸 / 옛것은 지나고 새 사람이로다
　그 생명 내 맘에 강 같이 흐르고 / 그 사랑 내게서 해 같이 빛난다

　주 안에 감추인 새 생명 얻으니 / 이전에 좋던 것 이제는 값없다
　하늘의 은혜와 평화를 맛보니 / 찬송과 기도로 주 함께 살리라

　산천도 초목도 새것이 되었고 / 죄인도 원수도 친구로 변한다
　새 생명 얻은 자 영생을 누리니 / 주님을 모신 맘 새 하늘이로다

　이 찬송은 하나님과 그리스도의 사랑을 경험한 사람만이 부를 수 있습

니다. 하나님의 사랑을 경험한 사람은 죄인과 원수도 친구로 변화시킵니다. 사랑은 모든 것을 변화시킬 수 있는 능력이 있기 때문입니다.

둘째, 사랑은 보이지 않는 것을 보이게, 보이는 것을 보이지 않게 변화시키는 시작입니다.

먼저, 사랑은 보이지 않는 것을 볼 수 있게 해줍니다.

> "빌립이 이르되 주여 아버지를 우리에게 보여 주옵소서 그리하면 족하겠나이다, 예수께서 이르시되 빌립아 내가 이렇게 오래 너희와 함께 있으되 네가 나를 알지 못하느냐 나를 본 자는 아버지를 보았거늘 어찌하여 아버지를 보이라 하느냐"
> (요한복음 14:8~9)

제자들이 예수님께 하나님을 보여 달라고 했을 때 예수님께서 제자들에게 하신 말씀입니다. "나를 본 자는 아버지를 보았거늘"에서 '보았거늘'은 과거완료형입니다. 이는 예수님을 본 사람은 이미 하나님을 봤고 지금도 하나님을 보고 있다는 말씀입니다. 그런데도 제자들은 눈에 보이는 하나님을 보여 달라고 아우성을 칩니다. 이는 제자들뿐만 아니라 오늘날 우리의 문제이기도 합니다.

> "어느 때나 하나님을 본 사람이 없으되 만일 우리가 서로 사랑하면 하나님이 우리 안에 거하시고 그의 사랑이 우리 안에 온전히 이루어지느니라" (요한일서 4:12)

세상 사람들이 믿는 자들에게 하나님을 보여 달라고 하면 보통은 "하나님은 영이시기 때문에 보이는 분이 아니다"라고 말합니다. 그렇지만 세상 사람들은 모두 거짓말이라고 생각합니다.

그런데 사도 요한은 우리가 서로 사랑하면 사람들이 우리가 온전히 이루는 사랑을 통해 하나님을 보게 될 것이라고 말합니다. 이 말은 하나님은 영이시기 때문에 보이지는 않으시지만, 하나님을 믿는 사람들이 사랑을 실천하는 모습을 통해 불신자들이 사랑의 하나님을 볼 수 있다는 말입니다. 그래서 사랑은 보이지 않는 것을 볼 수 있게 바꿔주는 것입니다.

다음으로, 사랑은 보이는 것을 보이지 않게 해줍니다.
아담과 하와가 하나님의 말씀에 불순종함으로 죄가 세상에 들어왔고, 하나님께서 창조하신 아름다운 세상은 파괴되기 시작했습니다. 하나님 보시기에 아담과 하와는 죄인이었고, 가장 미움을 받아야 할 대상이었습니다.

> "이에 그들의 눈이 밝아져 자기들이 벗은 줄을 알고 무화과 나무 잎을 엮어 치마로 삼았더라" (창세기 3:7)

그런데도 아담과 하와는 파괴되어 가는 세상과 하나님에 대해서는 아무런 마음이 없었고, 오직 자기 수치를 가리는 데만 급급했습니다. 그런 이들을 향한 하나님의 반응은 다음과 같습니다.

> "여호와 하나님이 아담과 그의 아내를 위하여 가죽옷을 지어

입히시니라" (창세기 3:21)

저는 신학생 때 이 말씀을 읽으면서, 하나님께서 아담과 하와에게 이렇게 하신 것이 도저히 이해되지 않았습니다. 정작 화를 내야 할 분은 하나님이십니다. 그들의 죄를 물으시고, 부끄럽게 하셨어야 했습니다. 그런데 하나님께서는 그들에게 어떤 감정도 드러내지 않으시고, 도리어 그들의 수치를 가리기 위해 가죽옷을 입혀주는 것으로 그들을 향한 하나님의 사랑을 보여주셨습니다.

"무엇보다도 열심으로 서로 사랑할찌니 사랑은 허다한 죄를 덮느니라" (베드로전서 4:8)

최근에 '편스토랑'이라는 프로그램에서 배우 오윤아 씨가 발달장애를 가지고 있는 중학교 2학년 아들을 소개했습니다. 저는 아들을 바라보는 오윤아 씨의 눈빛에서 행복이라는 것을 느낄 수 있었습니다. 또 외할아버지, 외할머니가 손자 민이를 바라보는 눈빛에서도 진심 어린 사랑을 볼 수 있었습니다.

'그래 저것은 행복이 아니라 사랑이다.'
이 말 말고는 달리 표현할 수 없었습니다. 사랑하면 상대방에게 보이는 단점과 아픔마저도 보이지 않게 됩니다.

잠시 눈을 감고 당신이 정말 미워하는 사람, 아니면 꼴불견이라고 생각하는 사람이 있는지 생각해 보십시오. 혹시 있다면 그 사람의 외모나 조건이 마음에 들지 않아서입니까? 그리고 당신의 마음에 대한 감정의 기준은 어디에 있습니까? 만약 지금 당신의 눈에 누군가의 허물이 보인다면, 그 이유는 아직 그의 허물을 덮어줄 만한 사랑이 당신 안에 없기 때문은 아닐까요?

심리학자 에이브러햄 마슬로우(Abraham Maslow)는 58세에 죽었습니다. 그가 죽기 전에 심각한 심장마비 증세가 왔다가 기적적으로 회복된 적이 있었습니다. 마슬로우가 심장마비에서 회복되면서 이런 글을 썼습니다.

"죽음과 마주쳤다가 죽지 않고 잠시 유예를 받아 보니, 모든 것이 얼마나 귀하고, 얼마나 거룩하고, 얼마나 아름다운지 모릅니다. 전보다 훨씬 더 강하게 모든 것을 사랑하고, 모든 것을 껴안고, 모든 것에 저 자신이 압도되고 싶은 충동을 느낍니다. 늘 보던 강도 그렇게 아름다울 수가 없습니다. 죽음, 그리고 내가 항상 죽을 가능성이 있다는 것이 더 사랑하게, 더 열정적으로 사랑하게 해 줍니다."

삶의 소중함을 깨닫게 되면 상대방을 미워할 시간이 없음을 알게 됩니다. 보이는 죄와 허물을 덮어주는 사랑으로 서로를 더 사랑하고, 더 열정적으로 사랑하게 됩니다. 그래서 사랑은 보이는 것을 보이지 않게 변화시키는 시작입니다.

셋째, 사랑하면 어떻게 살아야 할지 고민하기 시작합니다.

"[21]그러므로 내가 한 법을 깨달았노니 곧 선을 행하기 원하는

나에게 악이 함께 있는 것이로다 ²²내 속사람으로는 하나님의
법을 즐거워하되 ²³내 지체 속에서 한 다른 법이 내 마음의 법
과 싸워 내 지체 속에 있는 죄의 법으로 나를 사로잡는 것을
보는도다 ²⁴오호라 나는 곤고한 사람이로다 이 사망의 몸에서
누가 나를 건져내랴 ²⁵우리 주 예수 그리스도로 말미암아 하
나님께 감사하리로다 그런즉 내 자신이 마음으로는 하나님의
법을 육신으로는 죄의 법을 섬기노라" (로마서 7:21~25)

예수님 다음으로 성령의 능력을 행한 사람이 사도 바울입니다. 그런 바울에게도 그 안에서 하나님의 법과 죄의 법이 싸우고 있었기에 하나님의 법으로 살아가기 위해 끊임없이 고민했습니다.

바울은 자기 안에서 하나님의 법이 이기도록 기도했습니다. 이전에는 어떻게 하면 율법을 완전히 이루고, 예수 믿는 사람들을 괴롭힐지 고민했습니다. 그런 바울이 예수 그리스도를 만난 후 어떻게 해야 죄의 법과 싸워서 이길 것인지, 어떻게 하면 복음을 영화롭게 하고 하나님을 기쁘시게 해드릴지에 대해 고민하기 시작했습니다. 이는 예수님을 믿기 전에는 생각지도 못했던 것들입니다.

"육신을 따르는 자는 육신의 일을, 영을 따르는 자는 영의 일
을 생각하나니" (로마서 8:5)

'생각한다'는 말은 헬라어로 '전념한다' 혹은 '마음을 둔다'는 뜻입니다. '육신을 따르는 자', 즉 구원받지 못 한 사람은 육신의 일을 위해 고민

합니다. 마태복음 6장과 같이 하나님을 알지 못하는 사람들은 먹을 것, 입을 것, 마실 것과 같이 자기 즐거움과 유익한 것을 얻기 위해 고민합니다. 하지만, '영을 따르는 자', 즉 구원받은 사람은 성령의 일을 고민합니다.

> "그러므로 염려하여 이르기를 무엇을 먹을까 무엇을 마실까 무엇을 입을까 염려하지 말라, 이는 이방인들이 구하는 것이라" (마태복음 6:31)

여기서 '염려'는 '걱정하다' 혹은 '고민하다' 라는 뜻입니다. 하나님을 믿는 사람은 세상의 일로 염려하거나 고민하기보다는 하나님 나라의 의를 위해 탐구하고 추적해야 합니다. 왜냐하면, 구원받기 전에는 몰랐지만, 이제는 그리스도의 사랑을 경험해서 알게 되었기 때문입니다. 그리고 하나님께서 원하시고 기뻐하시는 바를 찾는 믿음의 수준이 되어야 합니다. 아울러 사람들에게 하나님을 보여주기 위해 고민하는 삶을 살아야 합니다.

말씀의 자기 언어화를 위한 질문

* 읽은 말씀을 자기 언어로 바꾸어서 한 줄로 적어 보시기 바랍니다.

1. 구원받은 후에 당신에게 어떤 큰 변화가 있었습니까?

2. 누군가를 용서하고 사랑하는 데 있어 가장 힘들었던 부분을 무엇입니까?

3. 당신을 통해 사랑의 하나님이 믿지 않는 사람에게 비추어진 경험이 있다면 무엇입니까?

성령의 열매 "희락"

"오직 성령의 열매는

사랑과	…………	모든 것을 변화시키는 시작
희락과	…………	**자기 틀에서 벗어나는 시작**
화평과	…………	두려움에서 벗어나는 시작
오래 참음과	………	믿음을 완성해 가는 시작
자비와	…………	고통을 함께 나누는 시작
양선과	…………	자기 유익을 내려놓는 시작
충성과	…………	자기 본질을 드러내는 시작
온유와	…………	세상을 가슴으로 품는 시작
절제니	…………	불필요한 것을 덜어내는 시작

이같은 것을 금지할 법이 없느니라" (갈라디아서 5:22~23)

성령의 두 번째 열매인 '희락'의 자기 언어화는 '자기 틀에서 벗어나는 시작'입니다.

성령의 첫 번째 열매는 '사랑' 입니다. 아홉 가지 열매 중 맨 앞에 나오는 이유는 사랑은 '모든 것을 변화시키는 시작' 이기 때문입니다.

> "[1]내가 사람의 방언과 천사의 말을 할지라도 사랑이 없으면 소리 나는 구리와 울리는 꽹과리가 되고 [2]내가 예언하는 능력이 있어 모든 비밀과 모든 지식을 알고 또 산을 옮길 만한 모든 믿음이 있을지라도 사랑이 없으면 내가 아무 것도 아니요 [3]내가 내게 있는 모든 것으로 구제하고 또 내 몸을 불사르게 내줄지라도 사랑이 없으면 내게 아무 유익이 없느니라"
>
> (고린도전서 13:1~3)

아무리 아름다운 말을 하더라도 사랑이 없으면 그것은 소음이 되고, 특별한 능력이 있어도 사랑이 없으면 그것은 아무것도 아니며, 자기 몸을 불사르는 희생이 있어도 사랑이 없으면 아무 유익이 없습니다.

하나님께서 세상을 사랑하셨기 때문에 아들 예수 그리스도를 이 땅에 보내셨고, 예수 그리스도께서도 세상을 사랑하셨기 때문에 친히 십자가에 달려 돌아가심으로 우리에 대한 사랑을 확증해 보이셨습니다. 그 사랑 덕분에, 하나님과 원수 되었던 우리가 그의 자녀가 되었고, 원수와 죄인도 사랑하는 친구가 되었습니다. 예수 믿는 사람을 잡아서 죽이기에 혈안이었던 엘리트 청년 사울이 그 사랑으로 인해 복음을 전하기 위해 매 맞고 감옥에 갇힌 바울로 바뀌었습니다. 해운대 해수욕장에서 기타를 치며 가요를 불렀던 질풍노도의 학생이 하나님의 말씀을 전하는 사람으로 바뀐 이유도 하나님의 사랑을 체험했기에 가능했습니다.

이 모든 변화의 시작은 바로 하나님께서 먼저 우리를 사랑하셨기 때문입니다.

희락 _ 자기 틀에서 벗어나는 시작

사랑, 다음으로 반드시 맺어야 할 성령의 두 번째 열매는 '희락' 입니다. 희락은 헬라어로 'chara 카라' 인데 이 카라는 'charis 카리스' 즉, 하나님께서 우리에게 값없이 주신 선물 '은혜' 라는 말과 같습니다. 따라서 구원도 하나님의 선물이지만, 기쁨 또한 하나님께서 우리에게 주신 선물입니다.

하나님을 알지 못 한 사람들은 인생의 공허함 속에서 자신의 영혼을 버리고 헛된 즐거움과 쾌락을 좇아 살아가고 있습니다.

독일의 위대한 극작가 괴테의 희곡 『파우스트』가 있습니다. 주인공인 파우스트는 인생의 의미와 가치가 무엇인가를 규명하기 위해 필사적으로 노력하는 학자입니다. 그는 모든 학문을 두루 연구하였으나, 생기 없는 지식이 그의 열정적인 인식의 욕구를 채워주지 못했습니다. 그래서 파우스트는 세계의 본질에 육박하기 위한 최종적인 시도로 죽음을 선택합니다. 그러나 부활절의 종소리가 어린 시절의 모습을 상기시켰고, 그는 독배를 입에서 떨어뜨립니다.

이윽고. 파우스트는 악마 메피스토펠레스를 만나 자신의 영혼을 넘겨주는 대신 지상에 사는 동안 원하는 모든 것을 얻을 수 있게 되는 거래를 하게 됩니다. 이 계약은 메피스토펠레스가 파우스트의 노예가 되어 넓은 세계를 두루 보여 주고 온갖 환락을 다 맛보게 해준 다음, 파우스트가 그것에 만족하여 "어느 순간을 향해 멈추어라! 너는 정말 아름답도다."라고 소리치면, 자신은 죽게 되고 영혼을 악마에게 내어준다는 내용을 담고 있습니다.

메피스토펠레스는 파우스트를 먼저 술집으로 데리고 갔지만, 쾌락을 느끼기에 그는 너무 늦었습니다. 그래서 악마는 마약을 먹여 파우스트를 20대 청년으로 탈바꿈시켰고, 그 후 '그레트헨'이라는 여인을 만나 사랑에 빠지게 됩니다.

또한, 황제의 궁으로 가서 신출귀몰한 재주를 보여 황제의 신임을 얻고, 황제를 도와 적을 무찌른 공으로 광대한 해안의 영토를 보상으로 얻은 파우스트는 그 토지를 개척하여 많은 사람이 일하면서 자유롭게 생활하는 나라를 건설하려고 합니다.

시간이 지나, 그 계획이 완성되어 인생의 의미를 비로소 깨닫고서, 파우스트는 감격한 나머지 이렇게 최후의 말을 외칩니다.

"나는 이 순간을 향하여 말하노니, 멈추어라, 너는 정말 아름답도다."

이것이 바로 백 살 된 파우스트가 인생의 많은 우여곡절을 겪고 도달한 최후의 목표였습니다. 괴테의 희곡 《파우스트》는 진정으로 인간의 욕구와 만족을 채워줄 수 있는 것이 무엇인가를 말해줍니다. 파우스트가 자신의 영혼을 메피스토펠레스에게 맡기면서까지 자신이 원하는 것을 찾아다녔고, 결국 많은 사람이 일하면서 자유롭게 생활하는 나라를 건설하면서 삶의 진정한 기쁨을 깨달았습니다. 그리고 그는 "나는 이 순간을 향하여 말하노니, 멈추어라, 너는 정말 아름답도다."라고 외치게 됩니다. 이 말을 하는 순간 메피스토펠레스와의 계약대로 파우스트의 모든 욕망과 쾌락은 사라지고, 그의 영혼은 악마의 것이 됩니다.

한 가지 기억해야 할 것은 파우스트가 다른 사람의 자유를 보면서 자신의 쾌락을 멈췄다는 사실입니다. 이는 인생의 진실한 만족과 기쁨은 자기의 틀, 곧 자신이 처한 환경과 조건, 생각과 관점에서 벗어나면서부터 시작된다는 것을 의미한다고 볼 수 있습니다.

파우스트는 오늘날 자기의 영혼을 사탄에게 맡겨놓고 세상의 쾌락을 찾아 떠돌아다니는 사람들을 상징합니다. 철저하게 자기중심적이고, 자기만족을 원하며, 더 강한 희열과 기쁨을 얻기 위해 더 깊은 수렁으로 빠져들고 있는 이가 혹 자신은 아닌지 되돌아봐야 합니다.

만약, 메피스토펠레스와 같은 존재가 나타나서 당신의 영혼을 담보로 원하는 모든 소원을 다 들어주겠다고 한다면 어떻게 하겠습니까? 그의 조건은 당신의 영혼은 이 땅에 사는 동안만 당신의 것이고, 죽음 후에는 메피스토펠레스의 것이 되어 영원한 고통 속에 살아가게 된다는 것입니다.

인생의 부와 명예를 모두 누려보았던 솔로몬왕은 전도서 3장에서 다음과 같이 말했습니다.

"[1]범사에 기한이 있고 천하 만사가 다 때가 있나니 [2]날 때가 있고 죽을 때가 있으며 심을 때가 있고 심은 것을 뽑을 때가 있으며, [4]울 때가 있고 웃을 때가 있으며 슬퍼할 때가 있고 춤출 때가 있으며"

이 세상의 모든 것은 기한이 있다고 합니다. 곧 정해진 때가 있다는 것이고, 끝이 있다는 말입니다. 태어날 때가 있으면 죽을 때가 있고, 심은 때가 있으면 그 열매를 거둘 때도 있습니다. 아울러 울 때가 있고, 기뻐서 웃을 때도 분명히 있습니다. 이는 일반적으로 이 세상 모든 사람의 보편적인 삶을 말하고 있습니다. 아울러 기한과 때는 사람에게만 있는 것이 아니라 짐승에게도 동일하게 적용됩니다.

"[19]인생이 당하는 일을 짐승도 당하나니 그들이 당하는 일이 일반이라 다 동일한 호흡이 있어서 짐승이 죽음 같이 사람도 죽으니 사람이 짐승보다 뛰어남이 없음은 모든 것이 헛됨이로다 [20]다 흙으로 말미암았으므로 다 흙으로 돌아가나니 다 한 곳으로 가거니와" (전도서 3:19~20)

사람뿐만 아니라 짐승도 이 땅에 태어나서 먹고 마시고 웃고 울고 병에 들기도 합니다. 그리고 때가 되면 모두 다 흙으로 돌아갑니다. 그런데 정말 중요한 사실 하나가 있습니다.

성령의 열매 "희락" | 61

"인생들의 혼은 위로 올라가고 짐승의 혼은 아래 곧 땅으로 내려가는 줄을 누가 알랴" (전도서 3:21)

성경은 사람도 죽고 짐승도 죽어서 흙으로 돌아가는데, 사람의 영혼은 하나님이 계시는 위로 올라가고, 짐승의 혼은 이 땅에서 끝난다고 말합니다. 이 비밀을 아는 사람이 복이 있습니다. 그렇다면 우리의 영혼은 이 땅에서 끝나는 것이 아니라, 하나님께로 다시 돌아가야 합니다. 하나님께로 다시 돌아가야 할 영혼이라면 이 땅에서 우리가 어떻게 살아야 할지도 깊이 생각해 봐야 하지 않겠습니까?

이 세상에는 크게 두 가지의 기쁨을 누리는 사람이 있습니다. 하나는 파우스트처럼 이 땅에서의 쾌락과 기쁨을 위해 자기의 영혼을 메피스토펠레스에게 맡기는 어리석은 자, 다른 하나는 자기 영혼을 하나님께 온전히 맡기고 하나님께서 우리에게 주신 선물인 '희락'을 맛보며 살아가는 자입니다. 지금 당신은 어디에 속해 있습니까? 두 번째 기쁨의 사람이 되기를 원한다면, 먼저 하나님께서 우리에게 주신 선물인 '희락', 즉 기쁨이 무엇인지 알아야 합니다.

'희락'은 우리가 흔히 말하는 '기쁨'으로도 번역이 가능하지만, 사실은 좀 더 다른 차원의 의미를 담고 있습니다. 헬라어 'chara 카라'는 두 가지 의미가 있는데, 하나는 '기쁨의 상태'이고 다른 하나는 '기쁨의 대상'입니다.

먼저 '기쁨의 상태'입니다. 사람들은 대부분 자기감정이나 자기 욕구가 채워졌을 때 기쁨의 상태를 경험합니다. 이것이 채워지지 않으면, 곧 외부적 환경과 조건이 갖춰지지 않으면 쉽게 이 상태에 이를 수 없습니다. 그러나 하나님께서 주신 기쁨은 외부적 요소에서 오는 것이 아니라 내부적인 상태에서 옵니다. 다시 말해서 자기의 영적인 컨디션에 따라 기뻐하기도 하고 분노하기도 합니다. 그래서 기쁨은 자기의 노력만이 아닌, 하나님의 선물이며 저항할 수 없는 성령의 능력으로 맺어지는 열매입니다.

다음으로 '기쁨의 대상' 입니다. 보통 사람들은 자신의 기쁨을 우선시합니다. 그런데 성경에서 말하는 참된 기쁨의 대상은 '나' 가 아니고, '하나님' 입니다. 그리고 '이웃' 입니다. 그래서 저는 성령의 두 번째 열매인 희락을 '자기 틀에서 벗어나는 시작' 이라고 자기 언어화했습니다. 세상 사람들은 기쁨의 상태나 대상을 철저하게 자기 틀에 가둬놓습니다. 그러나 성령의 열매를 맺는 사람은 자기의 틀에서 벗어나면서부터 기쁨을 찾게 됩니다. 자신이 기뻐야 기쁜 것이 아니라, 하나님이 기뻐하셔야 하고, 자기의 수고로 이웃이 행복함을 느낄 때 비로소 참된 기쁨을 얻게 됩니다.

자기 틀에 갇혀있는 사람은 절대로 하나님께서 명령하신 "항상 기뻐하라"(살전 5:16, 빌 4:4)라는 말을 이해하지 못할 뿐만 아니라, 말씀을 따르지도 못합니다. 자기 틀에서 벗어나기 시작하면 "항상 기뻐하라"라는 말의 참뜻을 깨닫게 되고, 진정한 기쁨을 소유한 성령의 사람이 될 수 있습니다.

그럼 어떻게 해야 성령의 두 번째 열매 "희락_자기 틀에서 벗어나는 시작"의 열매를 맺을 수 있을까요?

첫째, 우리 안에 하나님의 사랑을 채워야 합니다.

가장 먼저 관계의 회복이 있어야 합니다. 그리스도인은 하나님 안에 있을 때 참된 기쁨을 느낄 수 있습니다. 요한복음 15장에서는 하나님을 농부에, 예수님을 포도나무에, 성도를 가지에 비유하고 있습니다. 가지인 성도가 언제 기쁨을 맛볼 수 있습니까? 포도나무에 붙어있을 때 진정한 기쁨을 맛볼 수 있습니다.

가지가 포도나무에 붙어 있을 때는 농부의 관리를 받습니다. 그러나 가지가 포도나무에서 떨어지는 순간부터 아무 쓸모없는 쓰레기가 됩니다. 농부는 포도나무에서 떨어진 가지를 불에 던져 태워버립니다. 그리고 포도나무에 붙어있는 가지에 희망을 품고 더 많은 열매를 맺기를 기대하며 사랑스러운 손길로 어루만져 줍니다.

성도가 언제 진정한 기쁨을 맛볼 수 있습니까? 하나님과의 바른 관계 속에 있을 때입니다. 하나님과의 바른 관계가 회복될 때 기쁨도 시작됩니다.

다음은 사랑에 대한 실천입니다.

"내가 이것을 너희에게 이름은 내 기쁨이 너희 안에 있어 너희 기쁨을 충만하게 하려 함이라" (요한복음 15:11)

우리의 기쁨은 우리에게서 나오는 것이 아니라 예수 그리스도의 기쁨이 우리 안에 있을 때만 가능하다는 말입니다. 그런데 이 말씀 전에 요한복음 15장 9절에서는 "아버지께서 나를 사랑하신 것 같이 나도 너희를 사랑하였으니 나의 사랑 안에 거하라"라고 하셨습니다. 하나님께서는 세상을 사랑하셔서 아들을 이 땅에 보내셨고, 예수는 우리를 사랑하셔서 십자가에 달려 돌아가심으로 사랑을 실천하신 것처럼 우리도 그 사랑 안에 거하라고 하셨습니다. 여기서 "사랑 안에 거하라"라는 말은 받는 사랑이 아니라 주는 사랑입니다. 하나님의 사랑을 체험했다면 우리도 우리의 가진 모든 것으로 이웃을 위해 희생하는 사랑을 실천할 때 하나님의 사랑 안에 거하게 됩니다. 이 사랑의 실천이야말로 자기의 틀에서 벗어나 하나님과 이웃을 향한 사랑이 되고, 그로 인해 성령의 열매 '희락'을 얻을 수 있습니다.

둘째, 외부 환경의 영향을 초월할 수 있어야 합니다.

"다만 이뿐 아니라 우리가 환난 중에도 즐거워하나니…"
(로마서 5:3)

"내 형제들아 너희가 여러 가지 시험을 당하거든 온전히 기쁘게 여기라"(야고보서 1:2)

바울 사도와 야고보 사도는 같은 말을 하고 있습니다.

"환난 중에도 즐거워하라!"
어떻게 환난 중에 웃을 수 있습니까? '시험' 그것도 한 가지 시험이 아니라 겹겹이 쌓인 시험을 당하면서도 어떻게 기뻐할 수 있습니까? 결코 쉽지 않습니다. 그런데도 성경은 말합니다.

"환난 중에 즐거워하라"
"여러 가지 시험을 당하거든 기쁘게 여기라"

이게 어떻게 가능하냐고 생각할지 모르지만, 가능하다는 임상실험이 있고, 실제로 그렇게 산 사람이 있습니다. 하박국 선지자가 활동한 시기는 전쟁 직전입니다. 전쟁이 곧 엄습할 상황, 그것도 당시 가장 강한 나라 바벨론이 유대를 침략할 것이라는 소식을 접한 그는 극한의 두려움에 휩싸였습니다.

> "내가 들었으므로 내 창자가 흔들렸고 그 목소리로 말미암아 내 입술이 떨렸도다 무리가 우리를 치러 올라오는 환난 날을 내가 기다리므로 썩이는 것이 내 뼈에 들어왔으며 내 몸은 내 처소에서 떨리는도다" (하박국 3:16)

하박국 선지자는 전쟁의 공포에 사로잡혀 창자가 흔들리고, 뼈가 썩는 고통을 느꼈다고 말합니다. 그의 공포와 떨림은 글자 밖으로도 전달되는 듯합니다. 이런 환난의 날에도 그는 하나님께 기도했습니다.

"주여, 왜 이런 환난과 고통을 당해야만 합니까?"

그리고 자기가 처한 환경에 대해 말합니다.

> "비록 무화과나무가 무성하지 못하며 포도나무에 열매가 없으며 감람나무에 소출이 없으며 밭에 먹을 것이 없으며 우리

에 양이 없으며 외양간에 소가 없을지라도" (하박국 3:17)

풍족한 추수를 기대했는데, 수확은 고사하고 설상가상으로 홍수와 태풍으로 소와 양까지 다 떠내려갔습니다. 절망적이어도 이렇게 절망적일 수 없는 상황에서 하박국 선지자는 다음과 같이 고백하고 있습니다.

"나는 여호와로 말미암아 즐거워하며 나의 구원의 하나님으
로 말미암아 기뻐하리로다" (하박국 3:17)

성공만 아니라 실패도 즐거워하고 기뻐하겠습니다.
희망만 아니라 절망도 즐거워하고 기뻐하겠습니다.
가진 것만 아니라 없는 것도 즐거워하고 기뻐하겠습니다.
풍족할 때만 아니라 부족할 때도 기뻐하겠습니다.
승리만 아니라 패배도 즐거워하고 기뻐하겠습니다.
건강만 아니라 육신의 아픔도 즐거워하고 기뻐하겠습니다.
생명만 아니라 죽음도 즐거워하고 기뻐하겠습니다.
나에게 필요한 것은 좋은 환경이 아니라
구원의 하나님으로 말미암아 즐거워하고 기뻐하겠습니다.

셋째, 기쁨의 대상, 즉 주체가 하나님이셔야 합니다.
다시 말하지만, 희락의 헬라어 'chara 카라'는 두 가지 의미가 있는데, 하나는 '기쁨의 상태'이고 다른 하나는 '기쁨의 대상'입니다.

먼저, 기쁨의 상태에서 볼 때, 앞서 말씀드린 하박국 선지자 같은 경우는

외부적 환경의 영향을 받지 않고 철저하게 하나님을 신뢰하는 믿음으로 얻어지는 즐거움과 기쁨을 누렸습니다. 이것은 자신의 의지에서 나오기도 하지만, 성령의 능력으로 나타날 때가 더 많습니다.

다음으로 '기쁨의 대상' 입니다. 요나를 살펴보겠습니다. 요나는 철저하게 자기감정대로 사는 사람이었습니다. 하나님께서 요나에게 니느웨로 가서 회개의 메시지를 선포하라고 하셨습니다. 그런데 요나는 하나님의 말씀을 거부합니다. 그에게는 그럴만한 이유가 있었습니다. 니느웨는 앗수르의 수도입니다. 앗수르는 북이스라엘을 멸망시킬 나라입니다.

하나님께서는 날로 세력이 커져 이스라엘의 위협이 되는 나라에 가서 그곳 사람들에게 회개의 메시지를 선포하라고 명령하신 겁니다. 지금 그곳에 불 유황을 쏟아 부어도 성이 풀릴까 말까 한 상황이니, 요나의 마음으로는 하나님의 명령이 납득되지 않았을 것입니다. 그런 상황에서 요나가 하나님께 반응하기 시작합니다.

> "[1]요나가 매우 싫어하고 성내며 [2]여호와께 기도하여 이르되 여호와여 내가 고국에 있을 때에 이러하겠다고 말씀하지 아니하였나이까 그러므로 내가 빨리 다시스로 도망하였사오니 주께서는 은혜로우시며 자비로우시며 노하기를 더디하시며 인애가 크시사 뜻을 돌이켜 재앙을 내리지 아니하시는 하나님이신 줄을 내가 알았음이니이다 [3]여호와여 원하건대 이제 내 생명을 거두어 가소서 사는 것보다 죽는 것이 내게 나음이니이다 하니 [4]여호와께서 이르시되 네가 성내는 것이 옳으냐

하시니라" (요나 4:1~4)

여기서 요나는 하나님의 뜻과 감정과는 전혀 상관이 없습니다. 철저하게 자기감정에 따라 하나님에게도 화를 내는 사람입니다. 이런 요나에게 삶의 기쁨이란 있을 수 없습니다. 남이 잘되는 것을 보고 절대 기뻐할 수도 없습니다. 오직 자기감정에만 충실한 사람은 자기 혼자 기뻐할 수는 있지만, 성령의 열매인 '기쁨' 은 맛볼 수가 없습니다. 다시 강조하지만, 성령의 열매 '희락', 기쁨은 외부 환경이나 자기감정에서 나오는 것이 아니라, 철저하게 '나' 라는 자기 틀에서 벗어나면서부터 시작됩니다.

사람들이 언제 자기의 틀에 갇히게 되는지 아십니까?

"성령을 소멸하지 말며" (데살로니가전서 5:19)

이 말씀은 "항상 기뻐하라, 쉬지 말고 기도하라, 범사에 감사하라" 라는 명령 바로 다음 구절에 나오고 있습니다.

여기서 말하는 '소멸' 은 '불을 진화하다', '억누르다' 라는 뜻입니다. 우리 안에서 성령이 역사하실 때 그 역사를 억누르지 말라는 말씀입니다. 도저히 감사할 수 없고 웃을 수 없는 상황이라도 내 안에 계시는 성령께서 감사하라고 말씀하시고, 기뻐하라고 말씀하시면 감사하고 기뻐해야 합니다. 그런데 우리는 성령의 외침보다 자기감정에 휩싸여서 거부할 때가 많습니다. 지금은 감사할 수 없는 상황이라고 성령을 설득하려 합니다. 어떻게 이런 상황에서 웃을 수 있냐고 반문하며 오히려 성령을 무안하게 합니다.

 한 가지 예로 교회에서 특별한 일을 위해 성도님들께 도움을 구할 때가 있습니다. 처음 광고를 들을 때는 동참하고자 합니다. 그러나 바로 동참하지 못할 이유가 생각나기 시작합니다. 왜냐하면, 바울 사도의 고백과 같이 우리 안에는 하나님의 법과 죄의 법이 공존하고 있기 때문입니다. 이 두 법은 끊임없이 대적합니다. 이 충돌에서 성도들은 성령의 열매를 위한 선택이 아니라, 동참하지 못할 이유에 손을 들 때가 많습니다. 이게 바로 성령을 소멸하는 것입니다. 만약 우리가 성령을 소멸하지 않는다면 하나님의 나라는 더 빨리 확장될 것이며, 교회는 더 건강하게 성장할 것입니다.

 성령의 열매는 선택이 아니라 저항할 수 없는 성령의 능력으로 반드시 맺어야 할 하나님의 명령입니다. 모든 것을 변화시키는 사랑이 하나님으로부터 시작되어 우리 안에 채워졌다면, 다음으로 자기 틀에서 벗어나야 합니다. 그래야만 성령의 두 번째 열매 '희락'을 맺을 수 있습니다. 나를 향한 시선에서 하나님과 이웃을 바라보는 시선으로 바뀔 때 비로소 좁디좁은 자기 틀에서 벗어나 넓고 큰 참된 기쁨을 소유한 성령의 사람이 될 수 있습니다.

말씀의 자기 언어화를 위한 질문

* 읽은 말씀을 자기 언어로 바꾸어서 한 줄로 적어 보시기 바랍니다.

1. 지금까지 살아오면서 가장 기뻤던 순간은 언제였으며, 그 이유는 무엇입니까?

2. 영적으로, 마음으로 힘든 시기가 있었다면 언제였으며, 그 상황에서 어떻게 벗어날 수 있었습니까?

3. 다른 사람을 섬김으로 자기 안의 기쁨이 충만했던 적이 있다면 언제였으며, 어떤 상황이었습니까?

4. "사촌이 땅을 사면 배가 아프다"는 속담은 왜 만들어진 것일까요?

성령의 열매 "화평"

"오직 성령의 열매는

사랑과	....	모든 것을 변화시키는 시작
희락과	....	자기 틀에서 벗어나는 시작
화평과	....	**두려움에서 벗어나는 시작**
오래 참음과	....	믿음을 완성해 가는 시작
자비와	....	고통을 함께 나누는 시작
양선과	....	자기 유익을 내려놓는 시작
충성과	....	자기 본질을 드러내는 시작
온유와	....	세상을 가슴으로 품는 시작
절제니	....	불필요한 것을 덜어내는 시작

이같은 것을 금지할 법이 없느니라" (갈라디아서 5:22~23)

성령의 세 번째 열매인 '화평'의 자기 언어화는 '두려움에서 벗어나는 시작'입니다.

'화평'의 다른 말로는 '평화' 또는 '평강', '평안'이 있습니다. 사전적 의미는 '개인 간이나 나라 사이에 충돌이나 다툼이 없이 평화로운 상태'입니다. 그런데 갈라디아서 5장 23절에 기록된 '화평'은 헬라어로 'eire-ne 에이레네'인데, 기본 개념은 본래 사람들 사이의 관계나 태도를 의미하지 않고, 상태, 즉 '평화의 때', 또는 '평화의 상태'를 의미합니다.

이런 의미와 잘 어울리는 찬송가 두 곡이 생각납니다.
먼저, 432장 "큰 물결이 설레는 어둔 바다"의 1절입니다.

큰 물결이 설레는 어둔 바다 / 저 등대의 불빛도 희미한데
이 풍랑에 배 저어 항해하는 / 이 작은 배 사공은 주님이라
나 두렵없네 두렴없도다 / 주 예수님 늘 깨어 계시도다
이 흉흉한 바다를 다 지나면 / 저 소망의 나라에 이르리라

다음은 찬송가 412장 "내 영혼의 그윽히 깊은 데서"의 1절입니다.

내 영혼의 그윽히 깊은 데서 / 맑은 가락이 울려 나네
하늘 곡조가 언제나 흘러나와 / 내 영혼을 고이 싸네
평화 평화로다 하늘 위에서 내려오네
그 사랑의 물결이 영원토록 / 내 영혼을 덮으소서'

두 찬송가의 가사처럼 성령의 열매 '화평'은 자기 내면의 두려움에서 벗어나는 승리와 자유의 선포입니다. 이는 자기 의지나 힘이 아니라, 성령의 능력으로 가능합니다.

이런 화평(평화)를 얻기 위해서는 스스로 해결해야 하는 그리고 스스로 해결할 수 없는 두 가지의 두려움에서 벗어나야 합니다.

스스로 해결해야 할 두려움

당신이 지상 50m 높이에 위치한 번지 점프대에 올라가 있다고 상상해 보십시오. 이제 당신은 탄성 줄을 연결하고 번지점프대 끝에 서 있습니다. 그곳에서 내려다본 아래는 끝이 보이지 않는 깊은 수렁처럼 느껴집니다. 두려움으로 다리는 후들거리기 시작합니다. 이때 뒤에서 안전 요원이 "점프하세요!"라고 신호를 줍니다. 두려운 마음을 떨치기 위해 사랑하는 사람의 이름을 크게 불러보지만 뛰어내릴 용기가 나지 않습니다. '엄마'도 불러봅니다. 그러나 소용없습니다.

이 두려움에서 벗어나게 할 수 있는 사람은 당신밖에 없습니다. 지금 당신에게 필요한 것은 두려움을 떨치고 뛰어내리는 용기입니다.

스스로 해결할 수 없는 두려움

번지 점프와는 달리 당신 스스로 해결할 수 없는 두려움이 있습니다. 당신은 지금 비행기를 타고 여행을 가고 있습니다. 비행 고도는 8,000m, 비행 속도는 800km입니다. 비행기 창문 밖으로는 구름이 빠른 속도로 스쳐 지나는 것이 보입니다. 그 순간 비행기가 난기류를 만나 심하게 흔들리면서 순식간에 몇백 미터를 하강하기 시작합니다. 공포에 질린 승객들의 비명에 비행기 안은 아수라장이 되었습니다. 이 상황에서 당신이 할 수 있는 것은 무엇입니까?

예수님의 제자들이 배를 타고 갈릴리 바다를 건너고 있었습니다. 제자 가운데 베테랑 어부 베드로도 있었습니다. 배가 갈릴리 바다 가운데쯤을 지날 때 갑자기 광풍이 불며 큰 파도가 배를 삼킬 듯이 배 위로 덮쳤습니다. 이런 상황에서 제자들이 할 수 있는 것은 아무것도 없었습니다.

지난 여름은 코로나19 바이러스와 가장 긴 장마 그리고 역대급 폭우가 한반도를 휩쓸아쳤습니다. 기상 관측이래 모든 기록을 다 갈아치운 무서운 여름이었습니다. 전국이 산사태와 물난리가 났고, 집들이 잠기는 일들이 벌어졌습니다. 이와 같이 눈 앞에 펼쳐진 상황에서 아무것도 하지 못하고 그저 바라만 보고 있어야 할 때 사람들은 무력감과 두려움을 느낍니다.

이런 두려움보다 더 힘든 것이 있다면 바로 '염려', 다른 말로는 '스트레스' 가 있습니다.

염려로 인한 두려움 때문에 단명(短命)하는 동물들을 비교해 놓은 자료가 있습니다. 동물의 심장은 약 8억 번 박동하면 수명을 다한다고 합니다. 그래서 쥐는 1분에 600번 심장이 박동하기 때문에 2~3년 안에 죽게 됩니다. 호랑이는 1분에 70회의 심장 박동으로 75년을 삽니다. 인간 수명과 비슷합니다. 그리고 거북이는 1분에 25회의 심장 박동으로 150년 정도 살 수 있습니다. 이 자료를 보면 작은 동물일수록 심장 박동이 빠르다는 것을 알 수 있습니다. 왜냐하면, 자연의 먹이사슬 때문입니다. 작은 동물일수록 늘 적의 공격을 견제하면서 여기저기 살피는 습성이 있습니다. 외부적인 요소로 인한 두려움이 내적인 두려움으로 변한 경우입니다. 그러나 몸집이 큰 동물들은 행동뿐만 아니라 심장 박동도 느립니다. 그만큼 마음에 평화, 즉 마음의 여유가 있다는 말이 됩니다. 사람이나 짐승이나 외적인 요인으로 인해 두려움을 많이 느끼게 되고, 그로 인해 삶의 균형이 무너질 때가 많습니다.

이런 두려움의 상황에서 필요한 것이 바로 성령의 네 번째 열매인 '화평' 입니다. 화평은 성령의 두 번째 열매인 '희락' 과 비슷한 의미가 있습니다. 희락은 기쁨의 상태와 기쁨의 대상에 대한 문제입니다. 어떤 상황에서든지 항상 기뻐하기 위해서는 기쁨의 대상이 하나님이어야 합니다. 화평도 '평화의 때' 와 '평화의 상태' 가 있습니다. '평화의 때' 는 언제 평안함을 느끼는지에 관한 것이며, '평화의 상태' 는 어떤 상황에서도 두려운 마음 없이 평안한 상태를 유지할 수 있는가에 관한 것입니다.

앞서 두려움을 느끼게 하는 두 가지 상황을 예로 들었는데, 그런 상황에서도 심장 박동이 더 빨라지는 사람이 있는가 하면, 마음에 평안을 느끼는 사람도 있습니다. 중요한 것은 상황이 아니라 그것을 받아들이는 마음의 상태입니다.

아마도 죽음을 눈앞에 둔 사람이 최고의 두려움을 느낄 것입니다. 최민수, 고현정 주연의 『모래시계』라는 드라마가 1995년에 방영됐습니다. 드라마가 끝나갈 무렵 최민수 씨가 사형 틀에 앉아 있습니다. 집행관이 마지막으로 하고 싶은 말을 하라고 했을 때 최민수 씨가 친구 검사인 박상원 씨에게 묻습니다.

"나 떨고 있냐? 그게 겁나. 내가 겁날까 봐!"

죽음마저도 당당하게 받아드리고 싶었지만, 사형 틀에 앉아있는 그의 붉게 물든 눈동자와 입술에서는 두려움에 떨고 있는 그의 내면을 감출 수가 없었습니다.

그런데 성경을 보면 죽음 앞에서도 전혀 두려워하지 않고 당당하게 받아들였던 사람들이 있습니다. 다니엘은 사람의 육체를 갈기갈기 찢어먹는 굶주린 사자들에게 던져지는 상황에서도 전혀 두려워하지 않고 당당하게 그 상황을 받아들였습니다. 또한, 그의 친구들 사드락, 메삭, 아벳느고 또한 불 속에 던져지는 상황에서 전혀 두려워하지 않았습니다.

극한 두려움의 상황 속에서도 그것을 극복하고 평강을 되찾았던 사람들도 있습니다. 원초적 두려움에 사로잡혔던 아담과 하와, 위험에 대한 공포를 느꼈던 아브라함, 사명 앞에 두려워한 지도자 모세, 사람을 두려워했던 여호수아, 육체의 질병으로 고통받았던 욥, 예수님을 부인한 죄책감에 두려워했던 베드로도 있습니다. 또한, 결혼하지 않은 처녀가 임신했다는 말에 두려움을 느꼈던 마리아도 있었습니다.

우리는 이들이 두려움에만 빠져 있었던 것이 아니라, 그 두려움에서 벗어났다는 것에 집중해야 합니다. 이곳에서는 세 사람만 소개하겠습니다.

첫째, 사망의 음침한 골짜기를 다녔던 다윗

다윗은 나라를 구한 영웅입니다. 아무도 블레셋의 장수 골리앗과 싸우려 하지 않았을 때, 소년 다윗이 물맷돌로 3m쯤 되는 골리앗과 맞서 싸웠습니다. 이스라엘의 왕 사울도 골리앗이 두려워 싸울 엄두도 내지 못했지만, 소년 다윗은 담대하게 나아가 싸웠고 골리앗의 목을 베었습니다. 그런 다윗에게도 두려움의 시간은 있었습니다. 그에게는 사울의 시기로 군사들에게 쫓겨 다니는 신세가 되었던 적이 있습니다. 낮에도 밤에도 단 한 순간도 마음을 놓고 편하게 잠을 자지 못했습니다. 나중에는 더 이상 이스라엘에 머물러 있을 수가 없어서 미친 척하면서 블레셋 나라로 도망가 사람들에게 멸시와 조롱을 받으며 살았습니다.

이처럼 다윗의 매 순간은 사망의 음침한 골짜기를 다니는 것과 같았습니다. 그 사망의 음침한 골짜기를 걸었던 다윗은 외부적인 요인으로 두려워하지 않았다고 했습니다.

"내가 사망의 음침한 골짜기를 다닐지라도 해를 두려워하지
않을 것은 주께서 나와 함께 하심이라" (시편 23:4)

다윗이 사망의 음침한 골짜기를 다니면서도 죽음과 원수로부터의 해를 두려워하지 않았던 이유는 "주께서 나와 함께 하심이라"라는 위대한 믿음 때문이었습니다. 다윗은 상황을 벗어나기 위해 몸부림치지 않고, 그 상황에서 하나님께서 함께하고 계심을 확신하며 감사했습니다.

둘째, 부활하신 주님을 만난 제자들

특히, 십자가에 달려 돌아가시기 전날에는 제자들과 밥을 먹으면서 말씀하셨습니다. 그렇지만 제자들은 그 말씀을 신중하게 생각하지 않았습니다. 특히, 베드로에게는 예수님을 세 번이나 부인하게 될 것이라고 말씀하셨지만, 그는 죽으면 죽었지 예수님을 부인하지 않겠다고 호언장담했습니다. 그런데 막상 예수님께서 로마 군인들에게 잡혀 끌려가실 때 제자들은 두려워하며 뿔뿔이 흩어졌습니다. 죽으면 죽을지언정 예수님을 부인하지 않겠다고 장담했던 베드로는 그날 밤 세 번이나 부인했습니다.

자기 생각과 계획대로 되지 않고 모든 것이 얽혀버리는 상황이 되었습니다. 설상가상으로 로마 군인들에게 조롱당하고 계시는 예수님의 눈과 베드로의 눈이 마주쳤습니다. 그때 베드로는 예수님을 부인한 죄책감에 더 심한 두려움을 느끼면서 미친 듯이 밖으로 뛰어갔습니다. 3일 후 예수님을 부인한 베드로와 두려움에 휩싸여 뿔뿔이 흩어졌던 제자들이 마가의 다락방에 다시 모여 있을 때 부활하신 예수님께서 그들 앞에 나타나셨습니다.

"[19]이 날 곧 안식 후 첫날 저녁 때에 제자들이 유대인들을 두려워하여 모인 곳의 문들을 닫았더니 예수께서 오사 가운데 서서 이르시되 너희에게 평강이 있을지어다 [20]이 말씀을 하시고 손과 옆구리를 보이시니 제자들이 주를 보고 기뻐하더라 [21]예수께서 또 이르시되 너희에게 평강이 있을지어다 아버지께서 나를 보내신 것 같이 나도 너희를 보내노라"
(요한복음 20:19~21)

예수님과의 약속에 대한 실패의 좌절감과 밖에서 제자들을 잡기 위해 뛰어다니는 로마 군인들의 발자국 소리와 찰랑 거리는 칼 소리로 인해 두려움에 빠져있던 제자들에게 부활하신 주님께서 나타나셔서 제일 먼저 "너희에게 평강이 있을지어다"라고 두 번이나 반복해서 말씀하셨습니다. 그 평강은 일반적인 사람의 용기에서 나오는 것이 아니었습니다.

"이 말씀을 하시고 그들을 향하사 숨을 내쉬며 이르시되 성령을 받으라"

예수님께서는 두려움 가운데 있는 제자들에게 평강이 있기를 원하시면서, 그들을 향해 숨을 내쉬며 성령을 받으라고 하셨습니다. 제자들에게 주신 평강은 예수님께서 허락하신 성령으로 말미암아 얻게 되는 평강이었습니다. 제자들이 두려움을 극복할 수 있었던 이유는 그들의 구호나 최면술이 아니라 바로 그들 내면에 함께하시는 성령으로부터 얻은 평강으로 인한 것이었습니다.

셋째, 유라굴로 광풍을 만난 바울
바울은 죄수의 몸으로 포박을 당한 채 배를 타고 로마로 이송되고 있었습니다. 로마에 도착하기 전 '유라굴로'라는 큰 광풍을 만나게 됩니다. 그래서 선원들은 풍랑으로 심히 애쓰다가 이튿날 짐을 바다에 풀어 버렸습니다. 그래도 해결이 되지 않자 3일째 되는 날에는 배의 기구를 내버렸습니다. 여러 날 동안 해와 별도 보이지 않았습니다. 결국 그들에게는 구원의 여망마저 없어졌습니다. 그런 상황에서 바울이 그들에게 말합니다.

"내가 너희를 권하노니 이제는 안심하라 너희 중 아무도 생

명에는 아무런 손상이 없겠고 오직 배뿐이리라"(사도행전 27:22)

　호송 줄에 묶여있는 죄인의 신분으로 어떻게 그런 말을 할 수 있었겠습니까? 그런데도 바울이 구원의 여망마저 없는 사람들에게 두려워하지 말라고 말할 수 있었던 이유는 하나님께서 바울에게 주신 말씀에 대한 신뢰 때문이었습니다.

　지금 우리는 교회를 삼킬 것 같은 거대한 사회적 분위기 속에서 살아가고 있습니다. 며칠 전 우연히 다른 교회에 다니는 집사님을 만났는데 그분은 하루에 3~4시간 기도한다고 했습니다. 그리고 하나님께서 자기에게 말씀을 주셨는데, 한국 교회는 올가을부터 겨울에 다 망하게 될 것이라고 하셨답니다. 지금 정부와 세상 사람들이 교회를 핍박하는 것은 우연이 아니라 하나님께서 한국 교회를 망하게 하시기 위한 도구라고 하셨습니다.

　그분의 말 때문이 아니라, 저에게는 다른 부분에서 두려움이 있습니다. 저는 한국 교회까지 염려할 그릇은 못되고, 일단 우리 교회를 위해 기도하면서도 두려움이 엄습할 때가 있습니다. 지금은 무엇을 하고 싶어도 못하고, 할 수 있어도 안 되는 상황입니다. 이대로 가다가는 교회 성장 연구학자들의 말처럼 '진짜로 교회가 무너지면 어쩌나!', '성도들이 다시 교회로 돌아오지 않으면 어쩌나!' 하는 두려움이 엄습하기도 합니다. 또한, 세상 사람들은 현 상황에서 삶의 여망마저 잃어버리고 두려워하고 있습니다. 소상공인들이 폐업하고, 아르바이트 자리가 없어서 젊은 청년들이 힘들어하고 있습니다. 그런데 더 심각한 것은 하나님을 믿는다는 그리스도인마저도 세상의 분위기에 휩쓸려 소망을 잃어가고 있다는 것입니다.

이런 상황에서 하나님께서 바울에게 주신 것과 같이 제 마음에도 평강의 말씀을 주셨습니다.

> "²³내가 속한 바 곧 내가 섬기는 하나님의 사자가 어제 밤에 내 곁에 서서 말하되 ²⁴바울아 두려워하지 말라 네가 가이사 앞에 서야 하겠고 또 하나님께서 너와 함께 항해하는 자를 다 네게 주셨다 하였으니 ²⁵그러므로 여러분이여 안심하라 나는 내게 말씀하신 그대로 되리라고 하나님을 믿노라"
>
> (사도행전 27:23~25)

이 말씀에 근거하여 하나님께서 우리 교회가 더 견고하게 설 수 있도록 붙잡아 주시리라 확신합니다. 우리가 함께 항해하는 '서울성서침례교회 호'에 함께하는 모든 분이 마지막 소원의 항구에 도착할 때까지 주님이 이 배의 선장이 되어주시기 때문입니다.

지금 우리에게 필요한 것은 주변의 상황이나 내 감정의 상태가 아니라, 바로 말씀에 근거하여 하나님을 신뢰하는 것입니다. 외부적 요인이든, 내부적 요인이든 우리가 두려워하는 것은 하나님을 신뢰하지 못하기 때문입니다. 반대로 우리가 두려움에서 벗어나 마음에 평강을 유지할 수 있는 비결은 오직 하나님을 신뢰하는 것입니다.

유라굴로의 광풍 가운데 있던 사도 바울이 "나는 내게 말씀하신 그대로 되리라고 하나님을 믿노라"라고 했던 그 고백이 우리의 고백이 되기를 소망합니다. 인생의 실패를 맛보며 두려움에 빠져있었던 제자들에게 주님께서 평강이 함께하는 복을 주신 것처럼, 그분은 지금 우리에게도 동일한 은혜와 평강을 주고 계십니다.

열매는 씨앗이 아니라 눈에 보이는 결과물입니다. 다시 말해서 나무가 열매를 맺는 것은 또 다른 나무를 심는 것이기도 하지만, 다른 사람과의 공존을 위함이라고 서론에서 말씀드렸습니다. 우리만 평강을 찾고 기뻐할 것이 아니라, 지금 두려움 가운데 있는 사람들에게 위로와 평강을 줄 수 있을 때 진정한 성령의 열매가 될 수 있습니다. 따라서 진정한 화평의 주인공이 되기 위해서는, 자기만이 아니라 두려움에 떨고 있는 이들을 향해 사도 바울과 같이 말씀에 근거한 화평을 전하는 성령의 사람이 되어야 합니다.

성령의 세 번째 열매 화평은 '두려움으로부터 벗어나는 시작' 입니다. 그 시작은 우리의 의지나 노력이 아니라, 우리 안에 계시는 성령님께서 주시는 담대함과 평강입니다.

말씀의 자기 언어화를 위한 질문

* 읽은 말씀을 자기 언어로 바꾸어서 한 줄로 적어 보시기 바랍니다.

1. 인생에서 가장 추웠던 시절과 따뜻했던 시절은 언제이며, 그때 상황은 어떠했습니까?

2. 누군가 두려움 가운데 있을 때 그를 위로하고 평강으로 인도해 준 경험이 있다면 같이 나눠주시기 바랍니다. 아니면 당신이 그런 위로를 받은 경험을 나누셔도 좋습니다.

3. 두려움 가운데 있을 때 성경 구절 중에 붙잡고 의지하는 말씀이 있었다면 소개해 주시기 바랍니다.

성령의 열매 "오래 참음"

"오직 성령의 열매는

사랑과 .... 모든 것을 변화시키는 시작
희락과 .... 자기 틀에서 벗어나는 시작
화평과 .... 두려움에서 벗어나는 시작
오래 참음과 .... **믿음을 완성해 가는 시작**
자비와 .... 고통을 함께 나누는 시작
양선과 .... 자기 유익을 내려놓는 시작
충성과 .... 자기 본질을 드러내는 시작
온유와 .... 세상을 가슴으로 품는 시작
절제니 .... 불필요한 것을 덜어내는 시작

이같은 것을 금지할 법이 없느니라" (갈라디아서 5:22~23)

성령의 네 번째 열매인 '오래 참음'의 자기 언어화는 '믿음을 완성해 가는 시작'입니다.

오래 참음을 일반적으로 '인내' 라고 합니다. 인내는 '忍 참을 인, 耐 견딜 내' 로 '참고 견딘다' 라는 뜻입니다. 흔히들 성공적인 삶으로 이끄는 최고의 힘을 인내라고 말합니다.

김현태 작가는 인내에 대해서 다음과 같이 말했습니다.
"물은 '100°C' 가 되어야 보글보글 끓기 시작한답니다. 그렇기 때문에 0°C의 물이건 50°C의 물이건 99°C의 물이건 다 끓지 않는 것은 마찬가지죠. 그러나 99와 100은 겨우 1 차이인데 99°C에 1°C를 더하면, 그때부터 끓는 물이 됩니다. 그 1°C가 바로 '인내' 라는 것이죠. 꾹 참고 조금 더 견뎌 '1' 을 채우면 이루고자 하는 목표를 완성할 수 있는 것입니다."

혹시, 당신은 조금만 더 참고 견디면 목표를 달성할 수 있었는데 중도에 포기하는 바람에 모든 것이 물거품이 된 적이 없었습니까? 일반적인 목표뿐만 아니라 믿음에도 오래 참음은 중요합니다. 성경적 의미로 봤을 때 오래 참음의 다른 말은 '기다림' 입니다. 이 기다림은 시간적인 기다림도 있지만, 자기 신앙을 완성해 가는 의미가 더 큽니다.

히브리서 11장은 믿음의 선인들이 어떻게 믿음의 전당에 오르게 되었는지에 대해 말하고 있는데, 그 시작이 "믿음은 바라는 것들의 실상이요 보이지 않는 것들의 증거니라" 입니다. 여기서 말하는 믿음은 아직 이루어지지 않은 소망이 이루어질 것을 기대하며 기다린다는 것입니다.

믿음에는 두 종류가 있습니다. 하나는 희망의 믿음이고, 또 하나는 약속의 믿음입니다.

먼저, 희망의 믿음은 단순한 희망에 근거한 믿음이기에 그 속을 들여다보면 별 내용이 없습니다. 우리가 원하고 바라고 꿈꾸고 소망하는 것을 믿음이라고 착각한 것일 뿐입니다. 가장 무서운 착각 중의 하나가 믿음의 착각입니다. 신앙생활을 하는 사람 중에서 희망의 믿음을 가진 사람이 많습니다.

'예수님을 믿으니까 천국에 갈 수 있겠지!'
'하나님께 기도했으니까 하나님께서 응답해 주실 거야!'

이런 믿음은 굉장히 위험합니다. 우리는 이런 희망의 믿음에 속지 말아야 합니다. 이것은 믿음이라기보다는 종교적 자기 최면일 가능성이 높습니다.

다음으로 약속의 믿음이 있습니다. 이 믿음은 희망의 믿음과는 차원이 다릅니다. 희망은 우리가 원하는 것이지만, 약속은 하나님이 말씀하신 것입니다. 우리의 믿음은 자신의 희망이 아니라 하나님께서 말씀하신 약속에 근거한 믿음이어야 합니다.

'예수님을 믿으면 천국에 갈 수 있겠지!' 라는 희망이 아니라, 하나님께서 약속해 주신 말씀에 근거한 확신이 있어야 합니다. '기도하면 들어주실 거야!' 라는 희망이 아니라, 기도하면 들어 주시겠다고 약속해 주신 말씀에 근거한 기도여야 합니다. 그 믿음이 바로 약속의 믿음입니다.

희망의 믿음을 가진 사람은 자기의 의지나 생각이 바뀌면 언제든지 믿음을 버릴 수 있습니다. 그러나 약속의 믿음을 가진 사람은 하나님의 약속이 이루어질 때까지 오래 참고 기다림으로 믿음을 완성해 갑니다.

성경 인물 중에 오래 참음으로 믿음을 인정받았던 사람들이 있습니다. 한 번도 경험해 보지 못한 일을 믿음으로 기다린 노아

> "믿음으로 노아는 아직 보이지 않는 일에 경고하심을 받아 경외함으로 방주를 준비하여 그 집을 구원하였으니 이로 말미암아 세상을 정죄하고 믿음을 따르는 의의 상속자가 되었느니라" (히브리서 11:7)

창세기 6장에서부터 노아에 대한 이야기가 나옵니다. 천지가 창조되고 노아가 살 때까지 비가 내리지 않았습니다. 비닐하우스와 같은 수믹이 지구를 둘러싸고 있어서 365일 밤낮의 온도가 일정하게 유지되었고, 아침이면 이슬이 내려 지면을 적셨기 때문에 비가 필요 없었습니다. 그런데 하나님께서는 인류를 심판하시기 위해 홍수를 일으키기로 계획하셨습니다. 노아는 비 한 방울도 보지 못했지만, 하나님 말씀을 듣고 믿음으로 방주를 만들기 시작했습니다.

요즘 기상청의 신뢰도가 많이 떨어졌습니다. 서울에 200mm의 호우가 내릴 것이라고 예보했지만, 그날 밤에 비는 30mm 정도 내렸습니다. 하루

는 아내가 학원에 가는 아들에게 밤에 비가 온다고 하니 우산을 가지고 가라고 했습니다. 그때 아들이 "엄마가 말해서 우산을 가져간 날은 비가 한 번도 오지 않았어요. 오늘도 비는 오지 않을 거예요!"라고 대답하면서 우산을 가지고 가지 않았습니다. 그날도 비는 오지 않았습니다.

우리는 선경험을 통해 비와 홍수의 무서움을 알고 있지만, 노아는 홍수에 대한 아무런 경험이나 정보가 없었습니다. 그런데도 노아는 하나님 말씀에 순종하여 120년을 기다리며 80년 동안 방주를 지었습니다.

만약 이것이 희망의 믿음이었다면 어떻게 됐을까요? 1년도 안 돼서 연장을 팽개치고 말았을 것입니다. 그러나 노아는 희망의 믿음이 아니라, 홍수가 내릴 때 하나님께서 자신과 그의 가족을 구원해 주시겠다고 하신 말씀에 대한 약속의 믿음을 가지고 있었습니다. 그래서 120년 동안 자기의 믿음을 완성해 갈 수 있었습니다.

약속받기 위해 기다린 아브라함

> "[13]하나님이 아브라함에게 약속하실 때에 가리켜 맹세할 자가 자기보다 더 큰 이가 없으므로 자기를 가리켜 맹세하여 [14]이르시되 내가 반드시 너에게 복 주고 복 주며 너를 번성하게 하고 번성하게 하리라 하셨더니 [15]그가 이같이 오래 참아 약속을 받았느니라" (히브리서 6:13~15)

아브라함은 갈대아 우르에서 남부럽지 않게 살았습니다. 비록 자녀는 없었지만, 318명의 용사들과 그의 가족 그리고 양을 치는 자들을 포함한다면 천 명이 넘는 큰 부족민을 이끈 족장이었습니다. 그런 아브라함에게 고향을 떠나 하나님께서 말씀하신 곳으로 가라고 하셨습니다. 그 땅이 어디인지, 어떤 환경인지, 공시지가가 얼마인지, 앞으로 얼마나 많은 돈을 벌 수 있는 곳인지 아무런 정보도 주지 않으셨습니다. 오직 하나, 하나님의 이름으로 맹세하시면서 그곳으로 가면 세 가지 복(큰 민족을 이루고, 복이 되고, 이름을 온 세상에 알리는 것)을 주시겠다고만 약속하셨습니다.

이러한 상황에도 불구하고 아브라함이 아무런 저항 없이 고향을 떠날 수 있었던 이유는 희망의 믿음이 아니라, 하나님을 신뢰하는 약속의 믿음이 있었기 때문입니다.

아브라함이 하나님의 약속, 즉 아들을 얻기까지 25년이 걸렸습니다. 세월로 보면 노아에 비해 짧은 시간이지만, 아브라함의 상황을 봐서는 그렇지 않습니다. 아브라함도 나이가 들었지만, 그의 아내도 아이를 가질 수 없는 상태였기 때문입니다. 그런데 성경은 다음과 같이 말합니다.

"그(아브라함)가 이같이 오래 참아 약속을 받았느니라"

아브라함은 하나님께서 처음 약속하신 말씀을 믿고 오래 참아, 즉 오래 기다림으로 그의 믿음을 완성했습니다.

사도로 인정받기 위해 기다린 바울

> "²⁸사울이 제자들과 함께 있어 예루살렘에 출입하며 ²⁹또 주 예수의 이름으로 담대히 말하고 헬라파 유대인들과 함께 말하며 변론하니 그 사람들이 죽이려고 힘쓰거늘 ³⁰형제들이 알고 가이사랴로 데리고 내려가서 다소로 보내니라"
>
> (사도행전 9:28~30)

바울은 다메섹으로 가던 길에 예수를 만난 후 삶의 방향이 바뀌었습니다. 바울은 유대교 회당에서 예수 그리스도가 하나님의 아들이심을 선포했습니다. 그런데 바울과 함께 교회를 핍박하던 사람들이 그를 배신자로 낙인찍고 괴롭히기 시작했습니다. 바울은 예수를 믿는 사람들까지 자신의 변화를 의심하며 받아주지 않았기 때문에 더욱 힘들었습니다. 그래서 그는 한동안 아라비아로 가서 지내게 됩니다. 3년 뒤에 다시 다메섹으로 와서 복음을 전했지만 냉랭한 분위기는 여전했고, 사람들은 좀처럼 마음을 열어주지 않았습니다. 결국, 바울은 사람들의 권유로 고향 다소로 가게 되었고, 안디옥교회와 바나바를 통해 13년 만에 사람들에게 인정받아 복음을 전할 수 있었습니다.

다소에서 13년의 기다림은 시간을 허비했다고 할 수 없습니다. 그 시간은 하나님께서 자신을 불러 주실 것이라는 믿음과 사람들이 자기를 인정해 줄 것이라는 확신 속에서 오래 참음과 기다림으로 믿음을 완성해 가는 중요한 과정이었습니다.

세 사람의 공통점은 자기 희망의 믿음이 아니라, 상황이나 여건에 구애받지 않고 하나님의 약속을 붙잡은 믿음의 소유자들이었다는 것입니다. 그래서 오래 참음은 자기 믿음을 완성해 가는 시작입니다.

그렇다면 어떻게 해야 오래 참음으로 믿음을 완성해 나갈 수 있습니까?

첫째, 내 안의 충동을 이겨내야 합니다.

성경에서 자기 안의 충동을 이겨내지 못해 실패한 사람 중에 대표적으로는 가인이 있습니다. 그는 동생과 같이 하나님께 제물을 드렸지만, 하나님께서는 동생 아벨의 것만 받으시고 가인의 것은 받지 않으셨습니다. 가인은 하나님에 대한 서운함과 동생 아벨에 대한 시기와 질투로 가득했습니다. 결국, 그는 그 안의 충동을 이겨내지 못하고 동생을 죽임으로 인류 최초의 살인자가 되었습니다.

또 한 사람 모세가 있습니다.

> "¹¹모세가 그의 손을 들어 그의 지팡이로 반석을 두 번 치니 물이 많이 솟아나오므로 회중과 그들의 짐승이 마시니라 ¹²여호와께서 모세와 아론에게 이르시되 너희가 나를 믿지 아니하고 이스라엘 자손의 목전에서 내 거룩함을 나타내지 아니한 고로 너희는 이 회중을 내가 그들에게 준 땅으로 인도하여 들이지 못하리라 하시니라" (민수기 20:11~12)

모세와 아론은 하나님의 거룩함을 나타내지 못했기 때문에 약속의 땅에 들어가지 못하게 되었습니다. 무엇이 잘못되었습니까?

> "⁷여호와께서 모세에게 말씀하여 이르시되 ⁸지팡이를 가지고 네 형 아론과 함께 회중을 모으고 그들의 목전에서 너희는 반석에게 명령하여 물을 내라 하라 네가 그 반석이 물을 내게 하여 회중과 그들의 짐승에게 마시게 할지니라" (민수기 20:7~8)

하나님께서 모세에게 말씀하신 것은 지팡이로 반석을 치는 것이 아니라 반석에게 명령하는 것이었습니다. 그런데 모세는 하나님 말씀대로 하지 않고 지팡이로 반석을 두 번 쳤습니다. 이 일에 대해 하나님께서는 이스라엘 자손 앞에서 하나님의 거룩함을 나타내지 못한 행동이었다고 하셨습니다. 모세가 자기 안의 충동을 이겨내지 못하고 자기감정대로 행한 결과입니다.

저는 모세를 '하나님의 마음을 잘 알고, 이스라엘을 마음으로 품었던 지도자'라고 생각합니다. 그러나 아쉽게도 요단강만 건너면 약속의 땅에 들어갈 수 있었는데 한순간의 충동을 이겨내지 못해 광야에 묻히게 되어 안타깝기도 합니다.

> "노하기를 더디 하는 자는 용사보다 낫고 자기의 마음을 다스리는 자는 성을 빼앗는 자보다 나으니라" (잠언 16:32)

하나님의 약속이 이루어지기를 기다리는 사람은 자기 마음을 잘 다스려야 합니다. 사람들은 가인과 모세처럼 자기 안의 충동을 이겨내지 못함으로 믿음을 완성하는 데 실패하기도 합니다.

둘째, 소망과 신실함이 필요합니다.

> "¹²게으르지 아니하고 믿음과 오래 참음으로 말미암아 약속
> 들을 기업으로 받는 자들을 본받는 자 되게 하려는 것이니라
> … ¹⁵그가 이같이 오래 참아 약속을 받았느니라"
>
> (히브리서 6:12~15)

아브라함은 하나님의 약속을 믿고 하나님께서 명령하신 땅으로 갔습니다. 그곳에서 25년이라는 시간을 기다리며 자신의 믿음을 완성해 나갈 수 있었던 이유는 바로 소망과 신실함이 있었기 때문입니다. 12절은 아브라함의 믿음에 대해 "게으르지 아니하고 믿음과 오래 참음으로 말미암아"라고 합니다. 아브라함은 하나님께서 아들을 주시기만을 마냥 기다린 것이 아니라, 삶의 현장에서 부지런하고 신실했습니다. 이 신실함에 대해 야고보서에서는 다음과 같이 말하고 있습니다.

> "⁷그러므로 형제들아 주께서 강림하시기까지 길이 참으라 보
> 라 농부가 땅에서 나는 귀한 열매를 바라고 길이 참아 이른
> 비와 늦은 비를 기다리나니 ⁸너희도 길이 참고 마음을 굳건하
> 게 하라 주의 강림이 가까우니라" (야고보서 5:7~8)

야고보는 주님께서 다시 오시기까지 오랫동안 참아야 함을 강조하면서 그 참음의 과정을 농부에 비유했습니다. 농부는 땅에서 나는 귀한 열매를 바라고 길이 참아 이른 비와 늦은 비를 기다립니다. 여기서 "농부가 땅에서 나는 귀한 열매를 바라고"라는 말은 그 땅과 열매에 소망을 둔다는 말입니다. 그리고 "길이 참아 이른 비와 늦은 비를 기다린다"라는 말은 농부의 신실함을 말합니다.

농부가 무씨를 뿌렸습니다. 밭에 가보니 싹이 올라왔습니다. 1주일이 지나 무 모양이 생겼는데 농부의 기대만큼 빨리 자라지 않습니다. 그래서 농부가 무를 조금 뽑아 올렸습니다. 다음 날도 조금 뽑아 올렸습니다. 며칠이 지나면 무는 어떻게 되겠습니까? 농부의 소망과 기대와는 달리 말라서 죽게 됩니다. 농부가 풍성한 열매를 얻기 위해서는 식물이 잘 자라기를 바라며 기다리는 신실함이 필요합니다.

식물뿐만 아니라 사람에게도 소망과 신실함은 필요합니다. 부모는 자녀를 향한 소망과 기다림이 있어야 합니다. 부모의 기대만큼 자녀가 성장하지 못해도 재촉해서는 안 됩니다. 아내는 남편에게, 남편은 아내에게 소망을 두고 기다릴 수 있어야 합니다. 성도는 성도 간에 소망과 기다림이 있어야 합니다. 직장 상사는 직원에게 소망과 기다림이 있어야 합니다. 모든 관계에서는 상대를 향한 소망과 기다림이 필요합니다.

우리에게 필요한 것은 희망의 믿음이 아니라 하나님께서 주신 말씀을 붙잡는 약속의 믿음입니다. 하나님께서 당신에게 주신 약속의 말씀이 있다면 그 말씀을 붙잡고 인내하며 소망을 가지고 신실하게 살아야 합니다.

셋째, 내 안의 조급함을 버려야 합니다.
'조급한 사람' 하면 저는 제일 먼저 사울왕이 떠오릅니다. 사울왕은 이스라엘의 초대 왕입니다. 초대 왕은 역사를 통틀어 단 한 번밖에 없습니다. 그 중요한 왕을 세우는 데 얼마나 많은 조건이 필요하겠습니까! 그런데도 하나님께서 사울을 지목하셔서 이스라엘의 초대 왕이 되게 하셨습니다. 사울에게 엄청난 은혜를 베풀어 주신 것이라고 할 수 있습니다. 그러나 이렇게 큰 은혜를 입은 사울왕은 자기 안의 조급함을 이겨내지 못해 결국 하나님께 버림받습니다.

> "⁶이스라엘 사람들이 위급함을 보고 절박하여 굴과 수풀과 바위 틈과 은밀한 곳과 웅덩이에 숨으며 ⁷어떤 히브리 사람들은 요단을 건너 갓과 길르앗 땅으로 가되 사울은 아직 길갈에 있고 그를 따른 모든 백성은 떨더라 ⁸사울은 사무엘이 정한 기한대로 이레 동안을 기다렸으나 사무엘이 길갈로 오지 아니하매 백성이 사울에게서 흩어지는지라 ⁹사울이 이르되 번제와 화목제물을 이리로 가져오라 하여 번제를 드렸더니 ¹⁰번제 드리기를 마치자 사무엘이 온지라 사울이 나가 맞으며 문안하매" (사무엘상 13:6~10)

이스라엘이 블레셋과 전쟁 중 위급한 상황에 부닥치게 되었고, 군인들은 굴과 수풀과 바위틈, 심지어는 웅덩이에 숨었습니다. 어떤 사람들은 요단을 건너 갓과 길르앗 땅으로 삼십육계하기도 했습니다. 모두가 뿔뿔이 흩어지고 있는 상황에서 사울은 사무엘이 약속한 기한까지 기다릴 수 없어 그가 직접 번제와 화목제를 드렸습니다. 모든 제사는 하나님께서 정하신 선지자만 드릴 수 있었고, 그날도 사무엘 선지자가 번제를 드리기로 예정되어 있었습니다. 그런데 상황이 위급함으로 마음이 조급해진 사울왕은 자신이 제사를 드리고 말았습니다. 이 일로 인해 사울왕은 하나님의 마음에서 떠나 버림을 받게 됩니다.

소통전문가 김창욱 씨는 흥분하거나 화가 치밀어 오를 때 냉수 대신 뜨거운 녹차나 커피를 마시라고 권합니다. 그 이유는 사람이 흥분하거나 분노하는 것은 그 시간 안에 갇혀있기 때문입니다. 이때 필요한 것은 갇혀있는 시간에서 벗어나 그 상황을 잊게 만드는 것입니다. 냉수를 마시는 시간은 2~3초 정도입니다. 그 후 다시 그 시간 안에 갇히게 되는데, 뜨거운 차나 커피는 냉수만큼 빨리 마실 수 없기 때문에 시간이 오래 걸리고 그만큼 여유를 만들어줍니다. 만약 사울왕이 조급한 마음을 가지고 있을 때 누군가 그에게 뜨거운 커피 한 잔을 전해줬다면 어떻게 되었을지 생각해 봅니다.

김창욱 씨가 조급함과 화, 분노, 두려움을 다스리는 방법으로 뜨거운 차를 권한다면, 저는 조급하거나 분노케 하는 감정의 시간에서 벗어나는 방법으로 눈을 들어 하나님을 바라보기를 권합니다. 시편 62편 1~7입니다.

> [1]나의 영혼이 잠잠히 하나님만 바람이여 나의 구원이 그에게서 나오는도다 [2]오직 그만이 나의 반석이시요 나의 구원이시요 나의 요새이시니 내가 크게 흔들리지 아니하리로다 [3]넘어지는 담과 흔들리는 울타리 같이 사람을 죽이려고 너희가 일제히 공격하기를 언제까지 하려느냐 [4]그들이 그를 그의 높은 자리에서 떨어뜨리기만 꾀하고 거짓을 즐겨 하니 입으로는 축복이요 속으로는 저주로다 (셀라) [5]나의 영혼아 잠잠히 하나님만 바라라 무릇 나의 소망이 그로부터 나오는도다 [6]오직 그만이 나의 반석이시요 나의 구원이시요 나의 요새이시니 내가 흔들리지 아니하리로다 [7]나의 구원과 영광이 하나님께 있음이여 내 힘의 반석과 피난처도 하나님께 있도다

오래 참음은 단순히 그 상황을 넘기는 것으로 끝나지 않고 당신의 믿음을 완성해 가는 시작입니다. 희망의 믿음이 아니라 약속의 믿음을 마음에 품고서, 오래 참음과 기다림으로 하나님을 향한 당신의 믿음을 완성해 나가시기 바랍니다.

말씀의 자기 언어화를 위한 질문

* 읽은 말씀을 자기 언어로 바꾸어서 한 줄로 적어 보시기 바랍니다.

1. 혹시, 당신이 조금만 더 참고 견디면 목표를 달성할 수 있었는데 중도에 포기하는 바람에 물거품이 되었거나 후회했던 적은 없었습니까?

2. 자기 안에 충동이 일어나거나 조바심이 생길 때 이겨내는 자기만의 방법이 있다면 같이 나눠주시기 바랍니다.

3. 한 해를 시작하면서 연말이나 연초에 '하나님께서 내게 주신 말씀'이 있거나, 특별히 개인적으로 좋아하는 말씀이 있다면 같이 나누어 보시기 바랍니다.

성령의 열매 "자비"

"오직 성령의 열매는

사랑과	....	모든 것을 변화시키는 시작
희락과	....	자기 틀에서 벗어나는 시작
화평과	....	두려움에서 벗어나는 시작
오래 참음과	....	믿음을 완성해 가는 시작
자비와	....	**고통을 함께 나누는 시작**
양선과	....	자기 유익을 내려놓는 시작
충성과	....	자기 본질을 드러내는 시작
온유와	....	세상을 가슴으로 품는 시작
절제니	....	불필요한 것을 덜어내는 시작

이같은 것을 금지할 법이 없느니라" (갈라디아서 5:22~23)

성령의 다섯 번째 열매인 '자비'의 자기 언어화는 '고통을 함께 나누는 시작'입니다.

당신이 평소 '자비'에 대해 생각하는 것과 다음 글에서 의미하는 '자비'가 어떤 차이가 있는지 비교해 보시기 바랍니다.

어느 회사는 계약을 따낸 사람이 부서 전원에게 차를 돌리는 전통이 있습니다. 프로젝트 1팀의 위 차장이 계약을 따내서 회의실 밖으로 나가 커피 전문점에 배달을 신청했습니다. 잠시 후 종이컵에 담긴 음료들이 배달되었습니다. 위 차장이 음료를 사람들 앞에 놓아주자 모두 탄성을 질렀습니다.

"차장님, 언제 이렇게 우리들 입맛을 파악해 놓으셨죠? 깜짝 놀랐어요."
김 팀장에게는 냉녹차가, 이 대리에게는 헤이즐넛이, 최 실장에게는 아이스커피가 각각 놓였습니다. 경리 사원은 녹차라테를 받았고 다른 사람들 역시 평소 즐기는 음료를 앞에 놓고 좋아했습니다. 위 차장은 미소를 머금었습니다.

평소 사람들의 습관을 눈여겨보면 그들을 위해 즐거운 일을 할 기회가 늘어나기 마련입니다. 음료를 사준다는 것은 대단히 큰일은 아닙니다. 그러나 입맛까지 파악해두었다가 상대방이 원하는 것을 헤아려 주문해준다면 얘기가 달라집니다. 사람들은 작은 일에 감동합니다. 작은 것이지만, 그 안에는 커다란 마음이 들어 있기 때문입니다.

위 차장이 동료들의 입맛까지 파악할 수 있었던 이유는 그들에 대한 관심이 많았고, 상대방의 관점에서 생각할 수 있기 때문입니다.

위 이야기의 주인공인 위 차장을 '자비로운 사람'이라고 말한다면 동의할 수 있겠습니까? 당신이 생각하고 있는 자비와 앞글에서 의미하는 자비가 같은 의미인가요? 아니면 갑자기 무슨 자비냐고 반문하겠습니까?

일반적으로 생각하는 자비는 커다란 것을 베푸는 것입니다. 있는 자가 없는 자에게 자신에게 있는 것을 나눠주는 것. 그래서 기아대책기구에서 에티오피아에 의약품과 식품을 전달하는 모습을 떠올리기도 합니다. 이것도 자비가 맞습니다. 그러나 하나님께서 말씀하시는 자비는 상대방의 관점에서 바라보며 고통을 함께 나누는 것에서부터 시작합니다.

'자비'는 라틴어 'compati 콤파티'에서 유래했는데, 그 뜻은 '고통을 함께 나누는 것'입니다. 그리고 'compati'에서 'compassion 컴페션', '동정, 연민, 측은하게 여기는 마음'이라는 영어가 나왔습니다. 이 라틴어 'compati'는 단지 고통을 나누는 것이었지만, 이것이 점차 발전해서 지금은 좀 더 완성된 자비의 모습을 갖추게 되었습니다.

'자비'의 사전적 의미는 '남을 깊이 사랑하고 가엾게 여김. 또는 그렇게 여겨서 베푸는 혜택'이라고 되어 있습니다. 라틴어 'compati'가 고통을 마음으로 나누는 것이었다면, 오늘날 자비는 가엾게 여김과 동시에 그렇게 여겨서 베푸는 혜택이라고 했습니다. 마음에서 행동으로 옮겨지는 것으로 자비가 완성되었다는 것을 쉽게 알 수 있습니다.

불교에서도 비슷한 의미로 자비를 가르치고 있습니다. 불교에서 말하는 자비는 '중생에게 즐거움을 주고 괴로움을 없게 하는 것'인데, '慈자'는 최고의 우정을 의미하며, 특정인에 대한 것이 아니라 모든 사람에게 평등한 우정을 갖는 것입니다. 또 '悲비'는 '탄식한다'는 뜻으로 중생의 괴로움에 대한 깊은 이해·동정·연민의 정을 나타내는 말입니다.

성령의 열매 아홉 가지 중에 사랑과 희락과 화평과 오래 참음이 자기 내면의 세계를 중심으로 한 '내적 열매'라면, 다섯 번째 열매인 자비부터는 타인과의 관계를 중심으로 한 '외적 열매'라고 할 수 있습니다.

'자비'는 단어의 의미처럼 남을 깊이 사랑하고 가엾게 여기는 마음에서 멈추지 않고 수반되는 실천의 영역입니다. 내적 열매는 눈으로 확인하기 힘들지만, 외적 열매는 타인과의 관계를 통해 더 명확하게 나타납니다. 그래서 자비는 내적 열매인 사랑과 희락과 화평과 오래 참음의 외적인 결과입니다. 만약 내적 열매 중에 하나라도 온전하지 못하면 자비를 베푸는 삶은 불가능할 수 있습니다.

> "너희 아버지의 자비로우심 같이 너희도 자비로운 자가 되라" (누가복음 6:36)

예수님께서는 하나님께서 자비를 베푸시는 것과 같이 우리 또한 성령의 열매로 자비를 베풀며 살라고 말씀하셨습니다. 이 또한 선택이 아니라 하나님의 명령입니다.

그럼 언제 우리가 성령의 열매 '자비'를 맺을 수 있습니까?

첫째, 마음에서부터 상대방의 고통을 함께 나눌 때 가능합니다.

> "¹⁰형제들아 주의 이름으로 말한 선지자들을 고난과 오래 참음의 본으로 삼으라 ¹¹보라 인내하는 자를 우리가 복되다 하나니 너희가 욥의 인내를 들었고 주께서 주신 결말을 보았거니와 주는 가장 자비하시고 긍휼히 여기시는 이시니라"
>
> (야고보서 5:10~11)

10절에서는 오래 참은 선지자들을 본으로 삼으라고 했습니다. 그리고 11절에서 인내, 즉 오래 참음으로 인내한 욥에게 자비를 베푸신 하나님에 대해 기록하고 있습니다. 성령의 열매가 오래 참음 다음에 자비인 것과 같이, 사도 야고보도 오래 참음 뒤에는 자비가 있다고 말합니다.

11절의 '자비'가 헬라어로 '스플랑크논'인데 '창자, 감동, 자비심'이란 뜻입니다. '스플랑크논'을 잘 설명해 줄 수 있는 고사성어가 있는데, '단장'입니다. '장이 끊어지다'. 다른 말로는 '애간장이 녹다'라는 말입니다.

옛날 진나라 때 '환온'이라는 사람이 배를 타고 촉나라로 가고 있었어요. 오랫동안 배를 타서 피곤했던 환온은 양쯔강의 삼협이라는 곳에서 쉬기로 했습니다.

환온의 시종이 배에서 내려 숲속으로 들어갔는데, 그곳에는 새끼 원숭이들이 숨어 있었어요. 시종은 새끼 원숭이 한 마리를 품에 안고 배로 돌아왔습니다. 그런데 배가 출발하고 얼마 지나지 않아 뒤에서 '끼끼' 대는 소리가 들렸습니다. 바로 새끼 원숭이의 어미였습니다. 어미 원숭이는 강둑을 따라 계속 배를 쫓아오면서 소리를 질렀습니다. 사람들은 '저러다 말겠지'라고 생각하며, 더 빨리 노를 저어 앞으로 나아갔습니다. 하지만 어미는 끝까지 배를 따라왔고, 마침내 배 안으로 뛰어들어 새끼를 껴안았습니다. 하지만 그 순간 어미 원숭이는 숨이 끊어지고 말았습니다.

별 이상한 일이 다 있다고 생각한 사람들은 죽은 어미 원숭이의 배를 갈라 보았습니다. 놀랍게도 배 속의 창자가 툭툭 끊어져 있었습니다. 새끼 원숭이를 잃어버린 슬픔이 얼마나 컸던지 창자가 토막토막 끊어졌던 것입니다. 그 뒤로 사람들은 몹시 슬픈 일을 당했을 때 '단장의 슬픔'이라고 부르며 서로를 위로했다고 합니다.

새끼를 빼앗긴 어미 원숭이가 창자가 끊어지는 고통을 겪었던 것처럼, 하나님께서 욥이 고난받는 것을 보시면서 '스플랑크논_창자가 끊어지는 아픔'을 느끼셨다는 것입니다. 왜냐하면, 욥이 죄가 있어 고난을 겪는 것이 아니라 사탄의 참소로 인한 시험의 희생양이었기 때문입니다. 그래서 하나님께서 욥이 고난받는 모습을 보시면서 창자가 끊어지는 아픔을 느끼셨고, 욥이 고난을 이겨냈을 때 자비와 긍휼을 베풀어주셨던 것입니다.

이와 비슷한 표현이 로마서 8장 26절에도 있습니다.

"이와 같이 성령도 우리의 연약함을 도우시나니 우리는 마땅

히 기도할 바를 알지 못하나 오직 성령이 말할 수 없는 탄식
으로 우리를 위하여 친히 간구하시느니라"

마땅히 기도해야 할 우리는 무엇을 기도해야 할지 몰라 방황하고 있을 때, 성령께서 말할 수 없는 탄식으로 우리를 위하여 간구하십니다. 여기서 사용된 '탄식' 또한 엄청난 고통의 결과로 나오는 신음을 말합니다. 하나님께서는 욥의 고난을 보시고 '스플랑크논_창자가 끊어지는 아픔'을 느끼셨고, 성령께서도 마땅히 기도해야 하지만 기도하지 못한 우리를 위해 엄청난 고통 속에서 탄식하시며 기도해 주셨습니다. 그래서 자비는 가진 자가 없는 자에게 베푸는 행위가 아니라, 마음에서부터 창자가 끊어지는 듯한 아픔으로 신음하는 자에게서 나오는 외적 열매가 자비입니다.

사랑으로 변화되지 않고는 불가능하고, 자기 틀에서 벗어나지 않고는 불가능하며, 두려움에서 벗어나지 않고는 불가능하고, 믿음을 완성해 가는 오래 참음이 없이는 불가능한 열매가 바로 자비입니다. 무엇보다 상대방의 아픔을 이해하는 것만이 아니라, 그 아픔 속에 들어가서 함께 신음하며, 고통하며, 탄식하는 마음이 있어야만 자비의 열매를 맺을 수 있습니다.

둘째, 상대방의 관점에서 바라볼 수 있을 때 가능합니다.

"[5]너희 안에 이 마음을 품으라 곧 그리스도 예수의 마음이니 [6]그는 근본 하나님의 본체시나 하나님과 동등됨을 취할 것으로 여기지 아니하시고 [7]오히려 자기를 비워 종의 형체를 가지사 사람들과 같이 되셨고 [8]사람의 모양으로 나타나사 자기를

낮추시고 죽기까지 복종하셨으니 곧 십자가에 죽으심이라"

(빌립보서 2:5~7)

하나님께서는 우리가 예수 그리스도의 마음을 품기 원하시는데, 어떤 마음을 가져야 합니까?

먼저, 자기의 권리를 포기하는 마음입니다. 예수님은 하나님이셨습니다. 그런데도 하나님과 같아지는 권리를 포기하셨습니다. 다음은, 상대방의 관점에서 바라보는 마음입니다. 높은 하늘 보좌를 버리시고 낮고 낮은 이 땅으로 내려오셨습니다. 죄인인 우리와 눈높이를 같이 해주신 것입니다. 또한, 고통에 동참하는 마음입니다. 히브리서 2장 18절에서 "그가 시험을 받아 고난을 당하셨은즉 시험 받는 자들을 능히 도우실 수 있느니라"라고 하셨습니다. 예수님은 죄가 없으신 분이셨습니다. 그런데도 우리와 똑같은 고난을 겪으셨습니다. 왜냐하면, 우리의 눈높이에서 우리가 겪는 고난을 경험하시기 위해서였습니다. 세상의 어느 신이 인간과 같이 되어주었습니까? 인간이 받는 고난을 몸소 경험해 본 신이 어디에 있습니까?

마지막으로, 상대방보다 자기를 더 낮추는 마음입니다. 하나님께서 죄인인 인간의 모습으로 이 땅에 오셨는데, 인간의 모습 중에서도 가장 낮은 종의 형체로 오셨습니다. 이왕 오실 것, 왕궁에 태어나셔서 황금 침대에 누우셨으면 얼마나 편하셨겠습니까! 그런데 예수님께서는 궁궐도, 황금 침대도 아닌 로마의 식민지 지배 아래 있던 유대인의 가난한 목수의 아들로 태어나셨고, 짐승의 밥그릇인 말구유에 누우셨습니다. 스스로 사람의 종이 되기로 자청하신 예수님, 그분이야말로 자비로우신 분이셨습니다.

조롱을 당해본 사람이 조롱당하고 있는 사람의 마음을 더 잘 알 수 있습니다. 매를 맞아본 사람이 매 맞는 사람의 고통을 더 잘 이해할 수 있습니다. 굶주려본 사람이 배고픔이 얼마나 힘든 것인지 더 잘 알 수 있습니다. 철저히 상대방의 관점에서 바라보지 않으면 자비의 열매를 맺을 수가 없습니다.

영국 임상심리학자 폴 길버트와 초덴의 『마음 챙김과 자비』라는 책에서 자비의 속성들에 대해 여섯 가지로 소개합니다.

1. 동기. 우리 자신과 모든 생명체가 고통과 고통의 원인에서 자유로워지기를 기원하는 크나큰 열망을 말합니다.
2. 민감성. 민감성을 계발하는 것은 우리가 흘러가는 경험의 순간순간에 접촉함으로써 고통스러운 것들에 개입하는 것을 피하고, 눈감아 버리거나 부정, 합리화할 가능성이 낮아지는 것을 의미합니다.
3. 동감. 우리가 자신 및 타인의 고통을 가슴으로 느끼는 능력을 말합니다. 참고로 동감과 공감의 차이는, 공감은 타인의 경험을 이해한다는 것이고, 동감은 타인의 고통이나 걱심을 경감시켜 준다는 것입니다. 저자 초덴은 전에 승려였습니다. 그런데 이분이 이 동감이야말로 기독교의 핵심 속성이라고 말하고 있습니다.
4. 고통 감내. 자신과 타인의 아픔에 연결되는 것이 개인적인 고통을 많이 자극할 수 있다고 합니다. 개인적인 고통을 다루는 방식은 자비를 통해 고통에 개입할지 아니면 회피할지, 혹은 자신의 고통을 직면하지 않기 위해 다른 어려운 사람들을 돕는 방향으로 나아갈지에 큰 영향을 미칩니다.

5. 공감. 공감은 어떤 사람이 고통받고 있다는 사실뿐만 아니라 그 고통의 원인을 이해하고 간파하는 능력까지 포함합니다.
6. 비판단. 자비는 비난하지 않는다는 의미에서 비판단을 포함합니다. 자신이 자비를 베푸는 사람에 대해 비난하거나 판단하지 않는다는 의미입니다.

자비의 속성 여섯 가지를 읽으면서 누가복음 10장에 나온 선한 사마리아인의 이야기가 떠올랐습니다.

어느 날 한 율법 교사가 예수님을 시험하기 위해 무엇을 하여야 영생을 얻을 수 있는지 질문했습니다. 예수님께서 그 질문에 대해 답하지 않으시고 도리어 율법 교사에게 율법에 무엇이라 기록되어 있는지 물으셨습니다. 율법 교사는 "네 마음을 다하며 목숨을 다하며 힘을 다하며 뜻을 다하여 주 너의 하나님을 사랑하고, 또한 네 이웃을 네 자신 같이 사랑하라 하였나이다"라고 대답했습니다. 예수님께서는 "네 답이 옳도다 이를 행하라"라고 하셨고, 율법 교사는 "내 이웃이 누구니이까?"라고 다시 물었습니다.

그래서 예수님께서 강도를 만난 사람의 이야기를 꺼내셨습니다. 어떤 사람이 예루살렘에서 여리고로 내려가는 길에 강도를 만났습니다. 강도들이 그의 옷을 벗기고 때려 거의 죽을 지경이 되었을 때 버리고 갔습니다. 마침 한 제사장이 그 길로 내려가다가 그를 보고 피하여 지나갔습니다. 또한 레위인도 그를 보고 피하여 지나갔습니다. 다음으로 사마리아 사람이 여행을 하던 중 피투성이가 된 그를 보고 불쌍히 여겼습니다. 그래서 기름과 포도주를 상처에 붓고 싸맨 후에 자기 짐승에 태워 주막으로 데리고 가서 돌보아 주었습니다. 아침이 되자 주막 주인에게 데나리온 두 개를 주면서 사람을 돌봐 달라고 부탁했고, 혹 비용이 더 들면 나중에 와서 더 주겠다고 약속하고 길을 떠났습니다.

이 이야기를 마치신 예수님께서 율법 교사에게 "네 생각에는 이 세 사람 중에 누가 강도 만난 자의 이웃이 되겠느냐?"라고 물으셨는데, 율법 교사는 지체하지 않고 "자비를 베푼 자니이다"라고 대답했습니다. 예수님은 강도를 만난 사람의 이야기를 하시면서 한 번도 자비라는 단어를 사용하지 않으셨습니다. 그런데 율법 교사는 이야기를 들으면서 사마리아 사람이 자비를 베푼 사람이라고 생각하고 있었습니다.

그럼 사마리아 사람이 베푼 자비란 무엇입니까? 길버트와 초덴이 말한 자비의 속성과 비교해 보겠습니다.

1. 동기. 모든 생명체가 고통과 고통의 원인에서 자유로워지기를 기원하는 열망
2. 민감성. 고통스러운 것들에 개입하고, 그 상황에 대해 눈감거나 부정하지 않는 것
3. 동감. 타인의 고통을 가슴으로 느끼는 능력
4. 고통 감내. 타인의 아픔에 연결되는 것이 개인적인 고통을 많이 자극할 수 있음
5. 공감. 고통의 원인을 이해하고 간파하는 능력
6. 비판단. 자신이 자비를 베푸는 사람에 대해 비난하거나 판단하지 않음

먼저, 제사장과 레위인을 자비의 속성과 비교해 보면, 그들은 이 여섯 가지 속성을 모두 피해 갔습니다. 반면에 사마리아 사람은 여섯 가지 속성을 다 가지고 있었습니다.

1. 동기. 죽어가는 사람이 고통에서 자유로워지도록 치료해 주었습니다.
2. 민감성. 고통스러워하는 사람을 보고 피하거나 눈을 감지 않고 반응했습니다.
3. 동감. 그 사람의 고통을 가슴으로 느꼈습니다.
4. 고통 감내. 그 사람을 나귀에 태우고 자신은 걸어갔습니다. 주막에 값을 지불했고, 부족한 것도 더 채워주겠다고 했습니다.
5. 공감. 고통의 원인 이해, 유대인으로부터 사마리아 사람이 외면당하는 고통을 알았기에, 거리에서 외면당하고 있는 강도 만난 사람의 고통도 공감할 수 있었습니다.
6. 비판단. 강도 만난 사람이 유대인이든 아니든, 판단하지 않고 그 사람의 아픔 그 자체를 바라본 것입니다.

정말 놀랍지 않습니까! 어떻게 자비의 속성 여섯 가지가 하나님의 말씀을 누구보다 많이 알고, 하나님과 가장 가까이에 있다는 제사장이나 레위 사람이 아니라, 유대인들에게 천대받고 멸시받는 사마리아 사람 안에 있었을까요?

이 이야기를 통한 자비에 대한 메시지는, 하나님을 믿느냐 믿지 않느냐 혹은 하나님의 말씀을 얼마나 많이 알고 있느냐의 문제가 아니라, 이웃에게 자비를 베풀 마음이 있는가에 대한 문제라는 것입니다.

"자비가 짚 벙거지다"라는 속담이 있습니다. 겉으로 자비로운 체하나 사실은 그렇지 못함을 이르는 말입니다. 지금 우리에게 필요한 것은 율법 교사와 같이 종교적이고 형식적인 삶이 아니라, 고통 중에 있는 이웃과 함께 고통을 나누며, 그들의 관점에서 바라볼 수 있는 마음입니다. 그리고 그 고통을 분담할 수 있는 자비의 속성입니다.

말씀의 자기 언어화를 위한 질문

* 읽은 말씀을 자기 언어로 바꾸어서 한 줄로 적어 보시기 바랍니다.

1. '자비의 여섯 가지 속성' 중에서 자기 안에서 가장 잘 나타나는 속성과 부족한 속성을 한 가지씩 찾아보세요!

2. 자비는 마음으로부터 상대방의 고통을 함께 나누며, 상대방의 관점에서 바라볼 수 있을 때 가능합니다. 이런 공감대 형성을 위해 필요한 것은 무엇입니까?

3. 주변에 자비로운 성품을 지닌 사람이 있다면, 어떤 면에서 그렇게 생각하고 있는지 같이 나누어 보세요!

성령의 열매 "양선"

"오직 성령의 열매는

사랑과 .... 모든 것을 변화시키는 시작
희락과 .... 자기 틀에서 벗어나는 시작
화평과 .... 두려움에서 벗어나는 시작
오래 참음과 .... 믿음을 완성해 가는 시작
자비와 .... 고통을 함께 나누는 시작
양선과 .... 자기 유익을 내려놓는 시작
충성과 .... 자기 본질을 드러내는 시작
온유와 .... 세상을 가슴으로 품는 시작
절제니 .... 불필요한 것을 덜어내는 시작

이같은 것을 금지할 법이 없느니라"(갈라디아서 5:22~23)

여섯 번째 성령의 열매인 '양선'의 자기 언어화는 '자기 유익을 내려놓는 시작'입니다.

2019년 여름은 유독 긴 장마와 역대급 태풍이 우리나라를 관통하면서 도로 유실과 산사태 그리고 강이 범람해서 많은 사람의 목숨까지 빼앗아 간 힘든 계절이었습니다.

추석이 다가오면 논과 밭, 과수원에서 수확한 작물로 풍년을 이뤘는데, 2019년은 태풍 피해가 커서 농민들의 가슴만 태우고 있었습니다. 그런데도 가지에서 떨어지지 않고 농부의 손에 수확된 과일을 보면서 생명의 고귀함과 아름다움을 새삼 느낍니다. 여름의 강한 비바람과 뜨거운 태양을 견뎌낸 과일은 농부에게는 가장 큰 기쁨을, 소비자에게는 가장 달콤한 맛을 선물하게 됩니다.

믿음도 이와 같습니다. 온갖 고난과 풍파 가운데서도 낙심하지 않고 성령의 열매를 맺어가는 믿음의 사람들을 보면 그 자체만으로도 참 아름답게 보입니다. 무엇보다 하나님께 큰 기쁨이 될 것이고, 그 모습을 바라보는 사람에게는 참된 신앙의 맛을 보여주게 됩니다. 그래서 우리가 맺는 성령의 열매는 자기 유익이 아니라 하나님과 이웃에게 기쁨과 소망을 안기는 큰 선물이 됩니다.

성령의 열매, 사랑과 희락과 화평과 오래 참음과 자비에 이어 맺히는 열매가 '양선' 인데, 이 열매는 자비와 떼려야 뗄 수 없는 관계입니다. 내적 열매가 외적 열매로 맺어지는 시작이 '자비' 인데, 이 자비는 마음 깊은 곳에서부터 고통을 함께 나누는 열매입니다. 그 고통의 마음이 완전한 외적 열매로 완성되는 것이 바로 '양선' 입니다.

> "⁴사랑은 오래 참고 사랑은 온유하며 시기하지 아니하며 사랑은 자랑하지 아니하며 교만하지 아니하며 ⁵무례히 행하지 아니하며 자기의 유익을 구하지 아니하며 성내지 아니하며 악한 것을 생각하지 아니하며" (고린도전서 13:4~5)

성령의 열매는 역시 사랑에서부터 시작합니다. 그리고 사랑은 자기의 유익을 구하지 않는 것이라고 했습니다. 성령의 열매 '양선' 은 '자기 유익을 내려놓는 시작' 입니다.

'양선' 은 영어로 'goodness' 이고 '선함', '착함' 으로 번역이 가능하며, 헬라어로는 '아가도쉬네' 로, '선한 사람이 가지는 자질뿐만 아니라 도덕적 탁월함' 을 뜻합니다. 여기서 말하는 도덕적 탁월함이란 세상 법의 기준이 아니라 선하신 하나님으로부터 시작된 전인격적인 상태입니다. 그래서 '양선' 또한 저항할 수 없는 성령의 능력으로 맺어지는 열매입니다.

누가복음 10장의 강도 만난 사람의 이야기에서 '선함' 과 '자비' 라는 단어가 단 한 번도 나오지 않습니다. 그런데 그 이야기를 들은 율법 교사는 강도 만난 사람을 극진히 보살펴 준 사마리아 사람을 "자비를 베푼 자"라고 했고, 우리는 "선한 사마리아인" 이라고 제목을 붙였습니다. 왜냐하면, 예수님께서 직접적으로 자비와 선함을 언급하지 않으셨지만, 우리는 사마리아 사람을 통해 자비와 선함이 무엇인지 동시에 봤기 때문입니다.

이 말씀을 묵상하면서 여러 가지 궁금한 것이 있었는데, 그중의 하나는 제사장과 레위인이 가는 방향이었습니다.

누가복음 10장 31절을 보면 "마침 한 제사장이 그 길로 내려가다가 그를 보고"라고 했고, 32절에서는 "또 이와 같이 한 레위인도 그곳에 이르러 그를 보고"라고 기록되어 있습니다. 제사장과 레위인 모두 예루살렘에서 여리고로 내려가는 길이었습니다. 쉽게 표현하면 이 두 사람은 퇴근하는 길이었다는 말입니다.

만약 이 두 사람이 여리고에서 예루살렘으로 올라가는 길이었다면, 제사를 위한 목적이었으니, 피투성이인 사람을 만지면 부정하게 되기 때문에 그나마 이해가 됩니다. 그러나 반대로 예루살렘에서 여리고로 내려가는 방향이었기에 제사장이 자기 직무를 다 마치고 집으로 돌아가는 길이었을 것입니다. 그에게는 길가에 쓰러져있는 사람을 보고 굳이 외면할 이유가 없었습니다. 제사도 다 드렸으니 비록 부정한 자라 할지라도 돌봐줄 수 있었음에도 제사장과 레위인이 그냥 지나쳤다는 것은 그들에게 종교적 외식만 있었을 뿐 그들 마음에는 이웃과 함께 고통을 나누고자 하는 자비의 마음이 전혀 없었던 것입니다.

또 하나 궁금했던 것은 사마리아 사람이 가는 방향이었습니다. 사마리아 사람은 지금 여행 중입니다. 사마리아 사람이 여행 목적지로 정한 곳은 예루살렘이었을 것입니다.

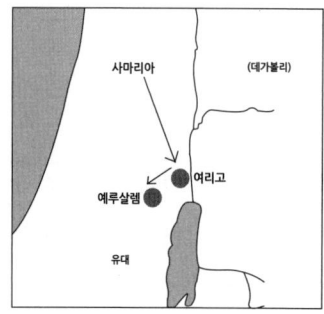
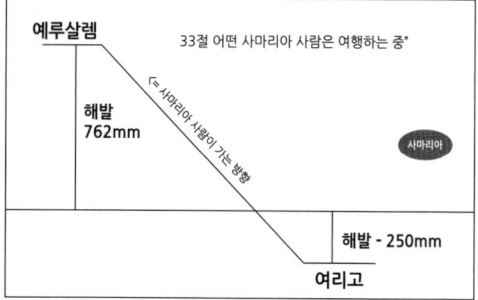

그림을 참고해보면, 위에 사마리아가 있고, 중간에 여리고가 있습니다. 그리고 그 아래에 예루살렘이 있습니다. 만약 사마리아 사람이 예루살렘에서 여리고로 가는 길에 강도 만난 사람을 만났다면, 그는 여행을 마치고 사마리아로 돌아가는 길이었을 것입니다.

그런데 35절을 보면 "비용이 더 들면 내가 돌아올 때에 갚으리라"라고 했습니다. 여기서 '돌아올 때'에서 '돌아오다'는 말은 어딘가로 가서 다시 원래의 자리로 오는 것을 말합니다. 그리고 '때'는 '~동안' 입니다. 이 말은 현재 하는 일이 계속 진행되고 있음을 뜻합니다. 따라서 사마리아 사람은 지금 여행 중이며, 여행을 마치고 다시 돌아올 때를 말한 것입니다. 그래서 사마리아 사람은 지금 사마리아에서 예루살렘 방향으로 여행하던 중에 강도당한 사람을 만난 것입니다. 그를 데려다가 돌봐 준 후에 예루살렘에 갔다 오면서 다시 주막에 들러서 부족한 치료비를 주겠다는 말입니다.

이런 사마리아 사람의 어떤 모습에서 자비와 선함을 볼 수 있었습니까? 먼저는 여행을 가던 길이었음에도 길가에 쓰러져 있는 사람을 보고 그냥 지나가지 않았습니다. 다음으로 그의 상처를 씻어주고, 자기 짐승에 태워서 주막으로 데려가 돌봐줬습니다. 여기서 주막으로 갔다는 것은 지도를 통해 알 수 있듯이 예루살렘과 여리고 중간 사이에서 강도당한 사람을 만났고, 사마리아 사람이 그 사람을 데리고 간 곳은 예루살렘이 아니라 여리고에 있는 주막입니다. 사마리아 사람은 여행의 반대 방향으로 갔습니다. 그만큼 그 사람에게는 시간과 공간과 물질에 대한 손해가 있었을 것입니다.

사마리아 사람은 강도당한 사람을 만난 후로 자기에게 유익된 것이 하나도 없습니다. 도리어, 시간과 공간과 물질적 손해를 입었습니다. 그런데도 그가 자기 유익을 구하지 않고 도리어 고통 중에 있는 이웃을 위해 자기의 유익을 내려놓았습니다.

그래서 율법 교사가 사마리아 사람을 보고 "자비를 베푼 자"라고 말할 수밖에 없었던 것입니다. 그리고 우리는 자비에 대한 정의는 모르지만, 사마리아 사람을 향해 '선한 사마리아인'이라고 제목을 붙이게 되었습니다.

예배의 중심에 있었던 제사장과 레위인은 모든 일을 마치고 집으로 가는 길에 고통 가운데 있는 이웃을 보고 외면했습니다. 그렇다면 그들에게 있어 예배의 의미는 무엇이며, 예루살렘과 여리고는 어떤 의미를 가지고 있는 것일까요? 제사장과 레위인에게 예루살렘은 하나님을 예배하고 하나님의 말씀을 받는 곳이었습니다. 그런데 예루살렘을 떠나는 순간부터 그들에게서 하나님의 말씀을 실천하는 모습을 찾아볼 수 없습니다. 무엇보다 여리고는 그들이 사는 삶의 현장입니다. 공동체가 모여 사는 곳입니다. 이 두 사람의 행위는 그곳에서 하나님의 말씀이 실현되지 못하고 있다는 명백한 증거입니다.

어쩌면 제사장과 레위인은 오늘을 살아가는 그리스도인의 모습일지도 모릅니다. 예배의 장소로서 예루살렘은 오늘날의 교회입니다. 그리스도인들은 일주일에 최소 한 번, 새벽 예배까지 포함하면 일곱 번은 교회를 드나듭니다. 그런데 교회에 있을 때는 그리스도인이고, 교회에서 세상을 향해 나가면 그리스도인의 정체성마저 상실해 버리는 것은 아닌가 싶습니다. 그리고 자기 유익을 위해 세상과 똑같이 경쟁하며 동분서주 뛰어다니지는 않는지 모르겠습니다.

부끄러운 이야기지만 제가 한 가지 고백할 것이 있습니다. 2018년부터 종교인 과세법이 시행되어서 우리 교회 사역자들도 근로소득자로 등록했습니다. 국민연금공단에서 근로소득자 중에 국민연금 첫 가입자에게 3년간 납부 금액의 90%를 지원해 주고 있습니다. 감사하게 저도 기존 가입자로 30% 혜택이 가능함을 알게 됐습니다. 그런데 사례비가 국민연금공단에서 책정한 기준보다 10만 원을 더 받고 있어서 혜택 대상에서 제외되었습니다. 그래서 소득 신고할 때 10만 원을 다른 목적으로 전환해서 국민연금 납부 금액의 30% 혜택을 받았습니다. 그런데 시간이 지날수록 제가 불법을 행하고 있다는 마음이 들어 힘들었습니다. 그래서 사무실에 얘기해서 모든 것을 있는 그대로 정직하게 신고하게 했습니다. 그로 인해 30% 혜택은 끊겼고, 30%를 더 내는 처지가 되었습니다. 그런데도 오히려 감사와 기쁨이 넘치고, 마음이 편안해졌습니다.

세상 사람들이 단돈 얼마라도 더 받기 위해 가짜 서류를 만든다는 말을 들으면 화가 났었는데, 정작 제가 그 화를 당해야 할 사람이라는 것을 알게 됐습니다. 그래서 제가 사역자들에게 담임목사가 무슨 말을 하면 "네"라고만 하지 말고, 정말 아니다 싶을 때는 "아니요"라고 말해달라고 부탁을 했습니다.

우리는 세상과 달라야 합니다. 나의 유익을 위해 정부를 속이고, 서류를 위장하는 사람들과는 달라야 하는데, 제가 그 짓을 했습니다. 회개합니다. 그나마 제 안에 계시는 성령께서 제가 양심에 화인 맞은 자가 되지 않게 하시려고 책망하시고 깨우쳐 주셔서 얼마나 감사한지 모릅니다.

하나님께서는 말씀을 통한 믿음의 결단을 통해 풍성한 열매를 맺는 그리스도인을 찾고 계십니다. 이웃과 함께 고통을 같이 나누며, 자기 유익을 구하지 않고 다른 사람의 유익을 위해 자기의 모든 권리를 내려놓는 사마리아 사람과 같은 양선의 사람을 찾고 계십니다.

성경에서 선한 혹은 착한 사람을 말하면 바나바를 빼놓을 수 없습니다. 바나바의 어떤 모습이 착한 사람 즉 양선의 사람이라고 말하는 것일까요?

> "[21]주의 손이 그들과 함께 하시매 수많은 사람들이 믿고 주께 돌아오더라 [22]예루살렘 교회가 이 사람들의 소문을 듣고 바나바를 안디옥까지 보내니 [23]그가 이르러 하나님의 은혜를 보고 기뻐하여 모든 사람에게 굳건한 마음으로 주와 함께 머물러 있으라 권하니 24바나바는 착한 사람이요 성령과 믿음이

충만한 사람이라 이에 큰 무리가 주께 더하여지더라 ^{25}바나바가 사울을 찾으러 다소에 가서 ^{26}만나매 안디옥에 데리고 와서 둘이 교회에 일 년간 모여 있어 큰 무리를 가르쳤고 제자들이 안디옥에서 비로소 그리스도인이라 일컬음을 받게 되었더라"(사도행전 11:21~26)

일차적으로 성경을 기록한 사도 누가가 바나바를 착한 사람이라고 했습니다. 다음으로 예루살렘 교회에서 바나바를 안디옥교회의 담임목사로 파송한 사실과 바나바가 안디옥에 가서 한 일을 보면 착한 사람이 맞습니다. 바나바가 안디옥에 갔지만 혼자 안디옥교회를 감당하기 힘들었습니다. 그래서 13년 전에 고향 다소로 갔던 바울을 찾아갑니다. 안디옥에서 다소까지는 434km로 오늘날 자동차로 3시간 40분 정도 걸립니다. 걸어서 가면 보름 길입니다. 그곳에서 바울을 안디옥으로 데리고 와 공동목회를 시작하며, 무리를 가르쳤습니다.

글로 보니까 쉬운 일 같지만, 바나바로서는 그렇게 쉬운 결정은 아니었을 것입니다. 한 교회의 담임목사가 되는 것도 쉽지 않지만, 다른 사람을 데리고 와 공동목회를 한다는 것은 자기가 누릴 모든 권리를 포기하는 것과 같습니다. 그런데도 교회와 성도의 유익과 양육을 위해 바나바가 자기 권리를 모두 포기했기 때문에 바울을 데려올 수 있었던 것입니다.

"^{1}안디옥 교회에 선지자들과 교사들이 있으니 곧 바나바와 니게르라 하는 시므온과 구레네 사람 루기오와 분봉 왕 헤롯의 젖동생 마나엔과 및 사울이라 ^{2}주를 섬겨 금식할 때에 성령이 이르시되 내가 불러 시키는 일을 위

하여 바나바와 사울을 따로 세우라 하시니" (사도행전 13:1~2)

　안디옥교회는 더 성장해서 바나바와 바울 외에 말씀을 가르치는 다른 교사들이 필요했습니다. 그들 중에는 니게르라 하는 시므온(흑인)이 있었습니다. 지금도 인종차별이 심하지만, 그 당시에는 더 심했습니다. 다음으로 구레네 사람 루기오가 있었는데, 구레네는 지금의 리비아로 이방 민족입니다. 다음으로 분봉 왕 헤롯의 동생 마나엔인데, 그는 헤롯의 젖동생으로 불의한 지배층에 속해 있던 사람입니다. 다음으로 바울로, 예수를 부정하고 교회를 핍박했던 사람입니다.

　바나바부터 시작해서 사울까지 누구 하나 서로 통할 만한 공통점이 없습니다. 그런데도 바나바가 이들을 안디옥교회의 지도자로 세웠습니다. 이것이 가능할 수 있었던 이유는 바나바와 안디옥교회가 철저하게 자기 유익을 내려놓고 하나님 나라와 교회와 성도들을 위한 삶을 살았기 때문입니다.

　이뿐만이 아닙니다.

> "³³사도들이 큰 권능으로 주 예수의 부활을 증언하니 무리가 큰 은혜를 받아 ³⁴그 중에 가난한 사람이 없으니 이는 밭과 집 있는 자는 팔아 그 판 것의 값을 가져다가 ³⁵사도들의 발 앞에 두매 그들이 각 사람의 필요를 따라 나누어 줌이라 ³⁶구브로에서 난 레위족 사람이 있으니 이름은 요셉이라 사도들이 일컬어 바나바라(번역하면 위로의 아들이라) 하니 ³⁷그가 밭이 있으매 팔아 그 값을 가지고 사도들의 발 앞에 두니라" (사도행전 4:33~37)

초대 교회 성도 중에는 가난한 사람이 없었습니다. 그 이유가 하나님의 은혜를 받은 사람들이 밭과 집을 팔아 사도들 앞에 두고, 사도들은 각 사람의 필요에 따라 나누어 주었기 때문입니다. 바나바도 자기 밭을 팔아 그 값을 사도들의 발 앞에 두었습니다. 오해하면 안 되는 것은 자기 재산을 팔아 헌금했다고 착한 사람 된 것이 아닙니다. 바나바의 마음속에 '자비_고통을 함께 나누는 마음'이 있었고, 그 자비의 마음에서 완성된 열매가 '양선'이었습니다.

사도행전 11장 24절에서 바나바를 소개할 때 "바나바는 착한 사람이요 성령과 믿음이 충만한 사람이라"라고 했고, 사도행전 4장 33절에서는 "사도들이 큰 권능으로 주 예수의 부활을 증언하니 무리가 큰 은혜를 받아"라고 했습니다. 말씀의 공통점이 있습니다. 성령과 믿음이 충만한 사람, 예수 그리스도의 부활을 믿음으로 큰 은혜를 받은 사람, 자신의 의지적 행위나 도덕적 삶이 아니라 바나바는 성령과 믿음이 충만했고 하나님께 큰 은혜를 받았음을 깨달은 사람이었습니다. 그래서 저항할 수 없는 성령의 능력으로 말미암아 바나바의 삶에 선함이 나타난 것입니다.

이처럼, 바나바는 자기 유익을 구하지 않고, 도리어 자기 재산을 팔아 이웃에게 나누어주었습니다. 또한, 자기가 누릴 수 있는 권리를 포기하고, 바울과 흑인, 이방인, 부정한 방법으로 자리에 올랐던 사람 등, 전혀 어울릴 수 없는 사람들을 말씀으로 훈련시켜 교회의 지도자로 세웠습니다. 그리고 바울과 함께 선교 여행을 떠나게 됩니다. 그래서 성경은 바나바를 향해 착한 사람이라고 말하고 있습니다.

선을 행하는데 가장 큰 장애물은 무엇입니까?

> "⁹우리가 선을 행하되 낙심하지 말지니 포기하지 아니하면 때가 이르매 거두리라 ¹⁰그러므로 우리는 기회 있는 대로 모든 이에게 착한 일을 하되 더욱 믿음의 가정들에게 할지니라" (갈라디아서 6:9~10)

선을 행하는 데 가장 큰 장애물은 '낙심' 입니다. 여기서 말하는 '낙심'은 '지치다' 혹은 '용기를 잃는다' 는 뜻입니다. 선을 행하다 보면 때로는 지치기도 하고, 용기를 잃기도 합니다. 왜냐하면, 언제까지 해야 할지 모르기 때문입니다. 다시 말해서 끝이 보이지 않기 때문입니다. 끝이 보이면 희망이 보이지만, 끝이 보이지 않는 긴 터널을 걷다 보면 지치기도 하고 계속해서 걸어갈 용기를 잃기도 합니다.

그러나 하나님께서는 포기하지 말라고 말씀하십니다. 반드시 우리가 선을 완성할 때가 온다고 하셨습니다. 그래서 자비와 양선의 열매를 맺기 위해 우리의 내적 열매인 오래 참음이 필요합니다. 오래 참음 없이는 자비와 양선의 열매는 금방 시들고 맙니다.

그리고 우리 안에 있는 낙심을 이겨내기 위해서는 기회가 있는 대로 모든 이에게 착한 일을 해야 합니다. 다시 말해서 정해 놓은 시간만이 아니라 우리에게 기회가 생기는 그때마다 바로 일해야 합니다.

말씀의 자기 언어화를 위한 질문

* 읽은 말씀을 자기 언어로 바꾸어서 한 줄로 적어 보시기 바랍니다.

1. 잠깐이라도 마음이 흔들리거나 다른 방법을 사용해서 유익을 얻고 싶은 충동을 느낄 때가 있었습니까? 그럴 때 어떻게 이겨냈는지 나눠보세요.

2. 때로는 누군가에게 선을 행하기 위해서는 자기의 시간과 공간과 물질을 다 내려놔야 할 때가 있습니다. 그런 경험이 있다면 그 후에 어떤 마음이 들었는지 나눠보세요.

3. 경험을 통해 볼 때, 선을 지속적으로 행하는 데 있어 가장 큰 장애물은 무엇입니까?

성령의 열매 "충성"

"오직 성령의 열매는

사랑과	....	모든 것을 변화시키는 시작
희락과	....	자기 틀에서 벗어나는 시작
화평과	....	두려움에서 벗어나는 시작
오래 참음과	....	믿음을 완성해 가는 시작
자비와	....	고통을 함께 나누는 시작
양선과	....	자기 유익을 내려놓는 시작
충성과	**...............**	**자기 본질을 드러내는 시작**
온유와	....	세상을 가슴으로 품는 시작
절제니	....	불필요한 것을 덜어내는 시작

이같은 것을 금지할 법이 없느니라" (갈라디아서 5:22~23)

성령의 일곱 번째 열매인 '충성'의 자기 언어화는 '자기 본질을 드러내는 시작'입니다.

요즘은 진짜와 가짜 꽃을 눈으로만 봐서는 구별하기 힘듭니다. 예쁜 꽃이나 식물이 있을 때 진위를 구별할 수 없어 손으로 살짝 만져보기도 합니다. 때론 가짜가 진짜보다 더 화려하고 예뻐서 속기도 합니다. 가짜와 진짜 꽃을 처음 보면 구별하기 어렵지만, 햇빛에 비춰보면 가짜는 색이 변하고, 진짜 꽃은 더 진한 색과 향기를 발하며 본질을 나타냅니다. 또한, 전문가가 아닌 이상 겨울나무만 봐서는 그 나무가 어떤 열매를 맺는지 구별하기 어렵습니다. 봄에 꽃이 피면 알 수는 있지만 백 퍼센트 확신하지 못합니다. 그러나 가을의 열매를 보면 그 나무의 정체성 혹은 본질이 무엇인지 누구나 알 수 있습니다.

우리가 성령의 사람인지 아닌지도 이와 비슷하게 구별됩니다. 성령의 열매 시리즈 말씀이 끝나면, "당신은 진짜 그리스도인입니까?"라는 주제로 말씀을 전하려고 합니다. 한국에 5만여 개의 교회가 종교기관으로 등록되어 있습니다. 등록되지 않은 교회까지 계산하면 5만을 훨씬 넘어설 것입니다. 그리고 기독교인이 인구의 사분의 일이라는 통계가 나와 있을 정도로 한국에 기독교인이 많습니다. 그런데 자칭 기독교인이라고 말하는 사람 중에 하나님의 구원 계획에 따라 온전히 죄를 용서 받고, 완전히 하나님의 자녀가 된 사람은 몇 명이나 될까요? 혹시 여러분 중에 거의 그리스도인이 될 뻔했거나, 구원받은 하나님의 자녀라고 생각은 하고 있지만, 죽으면 천국에 갈 수 있다는 확신이 없는 사람이 있지 않습니까?

혹자는 코로나19 감염 사태가 장기화되면서 교회 안에서 알곡과 가라지를 구별할 수 있는 좋은 기회라고 말들 하는데, 저는 그 말에는 동의하지 않습니다. 알곡과 가라지는 나중에 주님께서 가려내시기 때문에 이 상황에서 교회가 알곡과 가라지를 구별할 필요는 없습니다. 그러나 최소한 본인은 알곡인지 가라지인지 알게 될 수 있으리라는 것이 제 생각입니다.

우리는 성령의 능력으로 열매를 맺어가는 사람과 외형적으로 종교적 모습만을 갖춘 사람을 구별하기 어렵지만, 시간이 흐를수록 스스로 그 진위를 나타내게 될 것입니다. 앞에서 말한 것처럼 가짜 꽃은 햇빛에 비춰보면 변색되지만, 진짜 꽃은 햇빛에서 더 진한 색과 향기를 발하게 되는 것과 같습니다. 이처럼 성령의 사람은 나라와 교회와 이웃이 어려운 상황에 놓여 있을 때 그의 믿음과 신실함과 충성을 통해 자기 본질을 나타내기 시작합니다.

어떤 사람이 정말 믿음 안에 있고, 성령의 열매를 맺어가는 사람인지 진위를 가리는 결정적 단서가 성령의 일곱 번째 열매인 '충성'으로, '자기 본질을 나타내는 시작' 입니다.

충성은 헬라어로 '피스티스' 인데, '믿음, 신실, 충성' 의 세 가지 의미를 동시에 가지고 있어서, 어떤 단어로 번역해도 뜻이 같습니다. 성경을 읽다가 이 세 단어 중 하나가 나오면 나머지 두 단어로 바꿔서 다시 읽어 보십시오. 의미가 크게 바뀌지 않는다는 것을 알 수 있습니다.

그렇다면 어떻게 성령의 일곱 번째 열매인 '충성' 의 사람이 될 수 있습니까?

첫째, 하나님을 신뢰할 수 있어야 합니다.

성경 인물 중에서 고난의 인물을 뽑으라면 저는 노아와 욥 두 사람을 말합니다. 노아는 가늘고 긴 고난의 시간을 통과한 신실한 믿음의 사람이었고, 욥은 짧고 굵은 고난의 시간을 통과한 충성된 믿음의 사람이었습니다.

노아는 500세까지 아들이 없었습니다. 그 시대에 아들은 하나님의 복이었고, 가장 큰 자산이었습니다. 그런데 노아의 친구들은 아들과 손자와 증손까지 돌잔치를 여는 동안 노아는 아들 하나 없다가 마침내 502세에 첫째 아들 셈을 낳았습니다. 그리고 520세부터 방주를 짓기 시작해서 완공하기까지 약 80년이 소요됐습니다. 그런데도 이렇게 긴 시간 동안 노아의 믿음에는 흔들림이 없었습니다.

창세기 6장 9절에서 노아에 대해 "노아는 의인이요 당대에 완전한 자라"라고 하나님께서 인정해 주셨습니다. 이것이 노아가 가진 신앙의 본질입니다. 아들이 없던 500년이 넘는 세월과 세 아들을 낳은 후 80년 동안 방주를 지었던 그 가늘고 긴 고난의 시간 동안에도 노아가 흔들리지 않았던 이유는 바로 그가 하나님을 신뢰했기 때문입니다.

욥은 열 명의 아들딸과 함께 많은 재산을 소유한 사람이었습니다. 하나님께서 욥에 대해 "그 사람은 온전하고 정직하여 하나님을 경외하며 악에서 떠난 자"라고 칭찬하실 정도로 그는 하나님의 기쁨과 자랑이었습니다. 그런 욥에게도 고난은 찾아왔습니다. 하루아침에 자식과 재산을 다 잃었습니다. 몸은 종기가 나서 재 가운데 앉아 질그릇 조각으로 몸을 긁었습니다. 욥의 아내는 그를 비난했고, 친구들은 욥을 찾아와서 죄를 범했기 때문에 당하는 고난이니 회개하라고 합니다. 그런 상황에서 욥은 다음과 같이 고백합니다.

> "¹⁰그러나 내가 가는 길을 그가 아시나니 그가 나를 단련하신 후에는 내가 순금 같이 되어 나오리라 ¹¹내 발이 그의 걸음을 바로 따랐으며 내가 그의 길을 지켜 치우치지 아니하였고 ¹² 내가 그의 입술의 명령을 어기지 아니하고 정한 음식보다 그의 입의 말씀을 귀히 여겼도다" (욥기 23:10~12)

얼마나 위대한 고백입니까! 욥은 그 엄청난 고난 가운데서도 다른 길로 치우치지 않고 견딜 수 있었던 이유가 먹는 음식보다 하나님의 말씀을 더 붙잡았기 때문이라고 고백합니다. 그만큼 욥은 고난 가운데서도 하나님을 신뢰하는 충성된 믿음의 사람이었던 것입니다.

둘째, 영적 컨디션을 잘 유지해야 합니다.

요셉은 17살에 형들의 미움을 받아 애굽의 노예로 팔려 갔습니다. 처음 간 곳이 시위 대장 보디발의 집이었습니다. 그곳에서 열심히 일해서 주인의 마음에 들어 이제 좀 편하게 살려나 싶었지만, 보디발 아내의 모략으로 감옥에 가게 되었습니다. 정말 억울한 상황이었습니다. 감옥에서도 열심히 일했더니 죄수들을 관리하는 일을 맡게 되었습니다. 그때 바로 왕의 술 맡은 관원장과 떡 맡은 관원장이 감옥에 왔고 그들이 이상한 꿈을 꿨습니다. 요셉이 그 꿈을 해몽해 주었고, 그중 술 맡은 관원장은 요셉의 예언대로 복직하게 되었습니다. 그래서 요셉이 그에게 자기의 처지를 설명한 후에 바로왕에게 선처를 구해달라고 했습니다. 그러나 술 맡은 관원장은 복직 후에 요셉을 까마득히 잊어버렸고, 감감무소식이었습니다.

요셉의 인생은 안 풀려도 정말 안 풀렸습니다. 바로왕이 이상한 꿈을 꿨는데, 그 꿈을 해몽해 줄 사람이 애굽 안에는 없었습니다. 그때 술 맡은 관원장이 2년 전 감옥에서 자기 꿈을 해몽해 준 요셉을 생각해냈고, 그를 바로 왕 앞에 세우게 됩니다. 요셉은 하나님께서 주신 지혜로 바로의 꿈을 정확하게 해몽하게 됩니다. 꿈을 해몽한 요셉을 보고 놀란 바로왕이 다음과 같은 말을 했습니다.

"바로가 그의 신하들에게 이르되 이와 같이 하나님의 영에
감동된 사람을 우리가 어찌 찾을 수 있으리요 하고"

(창세기 41:38)

요셉 스스로 자기가 하나님의 영에 감동되었다고 말하지 않았습니다. 바로왕이 자신의 꿈을 해몽한 요셉을 보고 "하나님의 영에 감동된 사람"이라고 말한 것입니다. 바로왕은 하나님을 모르는 사람입니다. 그런데도 요셉이 하나님의 영에 감동된 사람이라는 것을 바로 알 수 있었습니다.

만약, 요셉이 아버지의 품에서 떠나 애굽의 노예로 팔려갔고, 보디발의 집과 감옥에 있을 때에 영적 컨디션을 유지하지 못했다면 어떻게 되었겠습니까? 바로의 꿈을 해몽하지도 못했을뿐더러 그가 하나님의 사람이라는 것도 몰랐을 것입니다. 그러나 형들이 자기를 미워해서 애굽의 노예로 팔 때

도, 억울한 일로 감옥에 갇혀도, 자기에게 은혜를 입은 사람이 배신했을 때도 요셉은 한 치의 흐트러짐 없이 오직 하나님만 신뢰하며 자기 영적 컨디션을 동일하게 유지했습니다. 그래서 결정적인 순간에 하나님의 도구로 쓰임받아 애굽과 이스라엘을 기근에서 구원할 수 있었습니다. 이것이 바로 요셉이 우리에게 보여준 믿음의 본질입니다.

상황에 따라 변하는 믿음은 믿음이 아닙니다. 상황에 따라 변하는 충성도 충성이 아닙니다. 사람들은 줄서기를 잘해야 한다고 말합니다. 그러나 성령의 열매를 맺어가는 사람은 상황에 따라 변하는 믿음이 아니라, 항상 하나님을 신뢰하며 자기 영적 컨디션을 잘 유지하는 사람입니다.

사무엘하 23장 8~39절은 다윗과 그의 왕국을 위해 충성했던 용사들을 소개하고 있습니다.

먼저, 다윗의 충신이었던 요셉밧세벳과 엘르아살 그리고 삼마가 있습니다. 이어서 둘째 삼대 용사를 소개합니다. 이들은 이스라엘이 블레셋에 패해 도망 다니고 있을 때, 다윗이 그냥 넋두리로 "베들레헴의 성문 곁에 있는 우물의 물을 마시고 싶다"라고 한 말을 듣고 적진을 뚫고 가서 물을 길어왔던 용사들입니다. 그리고 다른 삼십 인의 용사를 소개합니다. 역대하 11장에서도 동일한 인물들을 소개하고 있습니다. 한 번이면 됐지 왜 두 번이나 이들에 대해서 기록하였을까요? 이들이 다윗 평생에 잊지 못할 충성된 사람들이었기 때문입니다.

이 사람들은 다윗이 왕이 된 후에 충성을 맹세한 것이 아닙니다. 다윗이 사울에게 쫓겨 다닐 때부터 다윗과 함께 동고동락했던 사람들입니다. 그 당시는 아무런 유익도 없었고, 자칫 잘못하면 반역죄로 처형당할 수도 있었습니다. 그런데도 다윗에게 충성을 다했습니다. 다윗이 왕이 되고 나서 지난 시절 죽음을 각오하고 자신에게 충성했던 용사들을 기억하면서 한 사람 한 사람의 이름을 기리고 있습니다.

느헤미야 10장에도 하나님의 성전을 지키기 위해 서약을 했던 사람들의 이름이 기록되어 있습니다. 느헤미야서를 강해하면서 히브리식 발음이 어려워 그들의 이름을 읽는 것을 생략하려 했으나, 느헤미야 총독의 마음이 느껴져서 한 사람 한 사람의 이름을 다 읽었던 적이 있습니다. 왜냐하면, 그 사람들은 사방에 적군이 둘러싸고 있는 상태에서, 한 손에는 무기를, 다른 한 손에는 연장을 들고 예루살렘 성벽을 재건했던 사람들입니다. 가장 위험한 상황에서 목숨을 걸고 성벽을 재건했던 사람들을 느헤미야 총독이 어떻게 잊을 수가 있겠습니까!

또한, 로마서 16장에서 사도 바울은 그동안 하나님의 나라와 교회와 자신을 위해 목숨까지 아끼지 않고 충성했던 사람들의 이름을 부르며 안부를 전하면서 편지를 마무리하고 있습니다.

여기서 말하는 충성된 사람이란 군대에서 말하는 충성이 아니라, 어떤 상황에서도 흔들리지 않고 자기 영적 컨디션을 잘 유지해가며 믿음과 신실함과 충성으로 하나님의 일을 감당했던 사람을 말합니다. 이처럼 성령의 일곱 번째 열매인 충성을 갖춘 사람은 어려운 상황에서 자기 본질을 나타내기 시작합니다.

셋째, 초심을 잃지 말아야 합니다.

하나님께서 사울을 처음 부르셨을 때를 기억하십니까?

> "사울이 대답하여 이르되 나는 이스라엘 지파의 가장 작은 지파 베냐민 사람이 아니니이까 또 나의 가족은 베냐민 지파 모든 가족 중에 가장 미약하지 아니하니이까 당신이 어찌하여 내게 이같이 말씀하시나이까 하니" (사무엘상 9:21)

사울은 그 시대에 겸손했고, 다른 사람들의 아픔을 공감할 줄 아는 긍휼의 마음도 있었고, 이스라엘을 전쟁에서 구원해 낼 정도의 지략도 있었던 사람입니다. 그런 그가 왕이 된 후 다윗이라는 소년이 등장하면서부터 초심을 잃기 시작했습니다. 골리앗을 죽인 다윗이 이스라엘에서 인기가 높아지면서 사울은 그를 시기하며 죽이려고 했습니다. 그뿐만이 아니었습니다.

> "이는 거역하는 것은 점치는 죄와 같고 완고한 것은 사신 우상에게 절하는 죄와 같음이라 왕이 여호와의 말씀을 버렸으므로 여호와께서도 왕을 버려 왕이 되지 못하게 하셨나이다 하니" (사무엘상 15:23)

> "사무엘이 사울에게 이르되 나는 왕과 함께 돌아가지 아니하리니 이는 왕이 여호와의 말씀을 버렸으므로 여호와께서 왕을 버려 이스라엘 왕이 되지 못하게 하셨음이니이다 하고"
> (사무엘상 15:26)

사울은 사람뿐만 아니라 하나님의 말씀까지 버렸습니다. 하나님의 말씀을 버렸다는 것은 하나님을 떠났다는 말입니다. 초심을 잃었기에 그토록 신실하고 겸손했던 사울은 결국 하나님을 떠나고 말았습니다.

지난 추석 연휴 마지막 날, 청년 형제 세 명이 춘천에서 서울까지 자전거로 12시간을 달려왔습니다. 처음에는 저에게도 같이 가자고 했지만, 최근 운동이 부족한 터라 자신이 없어서 양해를 구했습니다. 그래도 미안해서 청년들과 같이 전날 밤에 춘천으로 가서 저녁을 같이 먹으며 응원해 주고 왔습니다. 또한, 자전거를 타다 중간에 힘들면 포기하고 교회로 전화를 주면 언제든지 픽업해주겠다고 했습니다. 다음 날 아침 8시에 춘천에서 출발해 저녁 8시경 자전거를 대여한 성수동에 안전하게 도착했다는 전화를 받는 순간, 이 정도 정신이면 뭘 해도 해내겠다는 생각이 들었습니다.

처음에야 뭔들 못하겠습니까? 그런데 시간이 지나면 다리가 아파옵니다. 엉덩이도 쓰려옵니다. 손목과 허리는 뻐근해집니다. 약간의 경사진 곳이 보이면 겁부터 나기 시작합니다. 어느 정도 달리다 보면 포기하고 싶은 생각이 들기도 합니다. 그런데도 그 극한 상황을 다 극복하고 완주한 청년들이야말로 초심을 잃지 않은 진정한 승자들이었습니다.

다음날 청년들과 얘기해보니 엉덩이가 짓물러서 가장 힘들었다고 합니다. 한 청년은 중간쯤 왔을 때 다리에 근육 경련이 몇 번 일어났다고 합니다. 포기하고 지하철을 이용하라는 형들의 권면을 거절하고 악으로 깡으로 자전거 페달을 밟아서 완주했다고 했습니다. 저는 청년들이 자전거 완주를 한 것처럼, 신앙도 초심을 잃지 않고 계속 달려가는, 충성된 믿음의 사람들이 되게 해달라고 기도했습니다.

베드로가 풍랑 속에서 바다 위에 서 계시는 주님을 보고 물 위를 걸어 달려갔습니다. 그런데 어느 순간 현실이 보이기 시작했습니다. 자신을 향해 달려오는 파도를 보는 순간 그의 시선에서 주님이 사라졌습니다. 그리고 물에 빠지고 말았습니다.

믿음도 마찬가지입니다. 처음 구원받으면 하나님의 은혜에 감사해서 물불 가리지 않고 뭐든지 시키는 대로 다 하려고 합니다. 물질을 드리는 것도, 섬김도, 무엇이든 기쁘고 감사의 찬양이 흘러나옵니다. 그런데 시간이 흘러가면 현실이 보이기 시작합니다. 가정 문제, 직장 문제, 학업 문제, 또는 '이제 이 정도 했으면 됐으니 다시 정신 차리고 현실에 충실해야지!', '내가 먼저 살고 봐야지!', '목표부터 이루고 봐야지!' 라는 생각이 들기도 합니다. 이렇게 초심은 잃어가고, 하나님과 멀어져갑니다.

지금 교회는 창립 48주년을 2주 남겨놓고 있습니다. 신길동 지하에서부터 시작해 지금의 교회가 이 자리에 있기까지, 첫째는 하나님의 은혜요, 둘째는 명예 목사님 부부의 사명의 열매요, 셋째는 처음부터 지금까지 복음 안에서 함께 섬겨온 성도들의 신실함과 충성의 열매라고 믿습니다.

저는 후임 목사라 교회를 개척했을 때의 기쁨과 아픔을 잘 모릅니다. 그러나 명예 목사님 부부는 창립 주일이 되면 수많은 분의 이름이 떠오를 것입니다. 그 기억 속에서 어떤 분은 신실한 형제요 자매로, 어떤 분은 끝까지 함께하지 못한 아쉬움의 사람으로 떠오르게 될 것입니다.

우리도 하나님과 하나님의 사람들에게 '피스티스_믿음으로, 신실함으로, 충성함으로' 기억되는 이름으로 남겨질 수 있기를 소망합니다. 그러기 위해서는 초심을 잃지 말아야 합니다.

넷째, 하나님께서 반드시 보상해 주심을 믿어야 합니다.

"⁶그 때에 유다 자손이 길갈에 있는 여호수아에게 나아오고 그니스 사람 여분네의 아들 갈렙이 여호수아에게 말하되 여호와께서 가데스 바네아에서 나와 당신에게 대하여 하나님의 사람 모세에게 이르신 일을 당신이 아시는 바라 ⁷내 나이 사십 세에 여호와의 종 모세가 가데스 바네아에서 나를 보내어 이 땅을 정탐하게 하였으므로 내가 성실한 마음으로 그에게 보고하였고 ⁸나와 함께 올라갔던 내 형제들은 백성의 간담을 녹게 하였으나 나는 내 하나님 여호와께 충성하였으므로 ⁹그 날에 모세가 맹세하여 이르되 네가 내 하나님 여호와께 충성하였은즉 네 발로 밟는 땅은 영원히 너와 네 자손의 기업이 되리라 하였나이다 ¹⁰이제 보소서 여호와께서 이 말씀을 모세에게 이르신 때로부터 이스라엘이 광야에서 방황한 이 사십 오 년 동안을 여호와께서 말씀하신 대로 나를 생존하게 하셨나이다 오늘 내가 팔십오 세로되" (여호수아 14:6~10)

노장 갈렙이 여호수아에게 찾아와 고백합니다.

"나는 내 하나님 여호와께 충성하였<u>으므로</u>"

이 말은 갈렙이 85세가 되던 때에 한 말입니다. 갈렙이 언제부터 충성했습니까? 40세에 여리고를 정탐할 때부터 성실한 마음으로 모세에게 보고했습니다. 그리고 85세가 되어 여호수아 앞에 설 때까지 그는 성실한 사람이었습니다. 그리고 "내 하나님 여호와께 충성하였으므로"라고 말 할 수 있을 정도로, 갈렙은 당당하게 자기 자신이 충성스러운 사람이었다고 말합니다.

갈렙이 이렇게 신실하고, 충성스러운 사람으로 살아왔던 이유는 하나님께서 "네 발로 밟는 땅은 영원히 너와 네 자손의 기업이 되리라"라고 말씀하신 그 약속을 신뢰했기 때문이며, 하나님 앞에서 신실하고 충성하면 반드시 보상해 주실 것이라는 믿음이 있었기 때문에 가능했습니다.

갈렙과 같이 오늘날도 신실하고 충성된 사람에게는 반드시 상 주시는 하나님이심을 믿어야 합니다. 그리고 하나님의 약속의 말씀을 붙잡고 나아가야 합니다. 그러기 위해서는 하나님을 신뢰해야 합니다. 또한, 스스로 하나님 앞에서 충성된 사람으로 당당하게 설 수 있어야 합니다.

말씀의 자기 언어화를 위한 질문

* 읽은 말씀을 자기 언어로 바꾸어서 한 줄로 적어 보시기 바랍니다.

1. 하나님을 신뢰함에 있어 당신에게 가장 필요한 것은 무엇입니까?

2. 영적 컨디션을 잘 유지하기 위한 자기만의 방법이 있다면 소개해 주세요!

3. 구원받은 후에 가장 열심히 주님을 섬겼던 때를 생각해 보시고, 그때와 지금의 열정을 비교해 보시기 바랍니다.

성령의 열매 "온유"

"오직 성령의 열매는

사랑과	....	모든 것을 변화시키는 시작
희락과	....	자기 틀에서 벗어나는 시작
화평과	....	두려움에서 벗어나는 시작
오래 참음과	....	믿음을 완성해 가는 시작
자비와	....	고통을 함께 나누는 시작
양선과	....	자기 유익을 내려놓는 시작
충성과	....	자기 본질을 드러내는 시작
온유와	....	**세상을 가슴으로 품는 시작**
절제니	....	불필요한 것을 덜어내는 시작

이같은 것을 금지할 법이 없느니라" (갈라디아서 5:22~23)

성령의 여덟 번째 열매인 '온유'의 자기 언어화는 '세상을 가슴으로 품는 시작'입니다.

'온유'의 사전적 의미는 '사람의 표정이나 성질이 온화하고 부드러움'입니다. 한자로 '溫柔_따뜻하고 부드러움'이란 뜻입니다. 그래서 우리는 평소 정이 많고 다정다감하며 조용한 사람을 온유한 사람이라고 합니다.

성경에서 말하는 온유의 의미는 조금 다른데, 한마디로 '길들여진 야생마'와 같습니다. TV 프로그램 〈내셔널지오그래픽 NATIONAL GEOGRAPHIC〉에서 야생마를 길들이는 영상을 본 적이 있습니다. 야생마의 몸무게는 평균 360kg 정도이며, 최고 70~80km로 달릴 수 있습니다. 말들이 싸울 때 앞발을 들어 상대 말의 가슴을 밀치는데 그때 가해지는 힘이 약 4톤 정도이고, 뒷발치기를 할 경우는 1톤짜리 쇠망치로 가격하는 것과 같다고 합니다. 동물의 세계에서도 사자가 말의 뒷발치기에 가격당해 그 자리에서 죽는 것도 봤습니다. 또한, 앞니는 턱 근육이 발달해서 물면 살점이 떨어져 나가거나 목뼈가 으스러지기도 합니다. 이처럼 말은 거칠고 무서운 동물입니다.

요즘은 와트 킬로미터(kw)를 일반적으로 사용하지만, 이전에는 일의 양을 나타내는 동력의 단위를 마력으로 표기하기도 했습니다. '마력(馬力)'은 말 한 마리가 단위시간에 하는 일이나 힘을 의미합니다. 예를 들어, '50마력'은 말 오십 마리가 짐마차를 끄는 힘입니다. 그만큼 말은 힘의 상징이기도 합니다.

이렇게 거칠고 강한 야생마가 조련사에 의해 길들여지면 몸집이 큰 순둥이처럼 보입니다. 그러나 야생마의 기질은 그대로 살아 있어서 주인을 위해 야성을 사용하는 충성된 말이 됩니다.

성경에서 온유한 사람으로는 모세와 예수님을 소개하고 있습니다. 제 개인적으로는 바울과 베드로도 온유한 사람으로 소개하고 싶습니다. 베드로는 예수님의 열두 제자 중 한 사람이었지만, 조련되지 않은 야생마처럼 거친 삶을 살았습니다. 그런 그가 성령을 받은 후에 완전히 바뀌었습니다. 그의 기질이 바뀐 것이 아니라, 그 기질의 사용 방향이 '나'에서 '주님'으로 바뀐 것입니다. 이는 야생마의 야성이 주인을 위해 사용되는 것과 같습니다.

이처럼 온유는 그동안 나를 위해 사용했던 거친 삶을 주님께로 방향을 바꾸는 것이며, 사람을 얻기 위해 세상을 가슴으로 품는 시작입니다. 다시 말해서 주님께는 철저히 순종하지만, 세상을 향해서는 더 거침없이 달려가는 야성이 바로 '온유'입니다.

왜 세상을 가슴으로 품는 온유한 사람이 되기 어렵습니까?

첫째, 자기 마음에 들지 않기 때문입니다.

상대방을 품지 못하는 이유는 자기 마음에 들지 않아서 그렇습니다. '품는다'는 것은 '자기 마음에 담는 것'입니다. '마음에 담는다'의 다른 말은 '마음에 들다'입니다. 상대방이 하는 말이나, 행동, 생각이 마음에 들지 않고, 상대방의 삶의 방식이 마음에 들지 않습니다. 또, 학력이나 성격이나 외모나 가정 배경이 마음에 들지 않습니다. 무엇 하나 마음에 드는 것이 없으면 상대방을 거부할 수밖에 없습니다. 그냥 거부하는 것으로 끝나면 그나마 다행이지만, 온유하지 못 한 사람은 부정적 감정으로 인한 말과 행동을 드러냅니다.

성령의 첫 번째 열매 '사랑_모든 것을 변화시키는 시작' 에서도 말씀드렸지만, 자기 마음에 들지 않는다고 판단하는 그 기준이 어디에 있습니까? 그 감정의 기준이 아직도 자기에게 있기 때문에 상대방의 단점과 아픔을 덮어주지 못하고, 마음에 품지 못하는 것입니다.

세상을 가슴으로 품기 위해서는 자신이 변해야 합니다. 세모가 네모를 품기 위해서는 네모보다 커야 합니다. 네모가 동그라미를 품기 위해서는 네모가 동그라미와 같은 모양이 되어야 합니다. 이처럼 세상을 가슴으로 품는 온유한 사람이 되기 위해서는 자신이 더 커지거나 품기를 원하는 형태와 같이 변해야 합니다. 빌립보서 2장과 같이 하나님께서는 죄 많은 인간을 품기 위해 인간의 형체로 이 땅에 오셨음을 기억해야 합니다.

둘째, 종지 그릇 같은 마음을 가지고 있기 때문입니다.
다시 말해서 속이 좁다는 말입니다. 종지 그릇은 아무리 예뻐도 꿀이나 간장이나 고추장 정도의 적은 양의 음식밖에 담지 못합니다. 그래서 조금만 담아도 넘치고 흐르는 경우가 다반사 입니다.

사람의 마음도 마찬가지입니다. 마음이 좁으면 많은 것을 담지 못합니다. 그래서 지식을 조금만 담아도 넘치고 흐릅니다. 사람을 품어도 금방 흐르게 됩니다. 포용력이 넓은 사람이 많은 사람을 품을 수 있습니다. 마음이 넓다는 것은 자신의 감정대로 생각하지 않고 전체를 볼 줄 아는 것입니다. 이런 사람을 두고 세상에서는 '대인배'라고 말하고, 그렇지 못 한 사람을 '소인배'라고 합니다.

> "아브넬이 헤브론으로 돌아오매 요압이 더불어 조용히 말하려는 듯이 그를 데리고 성문 안으로 들어가 거기서 배를 찔러 죽이니 이는 자기의 동생 아사헬의 피로 말미암음이더라"
> (사무엘하 3:27)

> "아브넬을 헤브론에 장사하고 아브넬의 무덤에서 왕이 소리를 높여 울고 백성도 다 우니라" (사무엘하 3:32)

요압은 평소 마음에 들지 않았던 아브넬을 조용한 곳으로 데리고 가서 죽였습니다. 그러나 다윗은 평소 눈엣가시 같았던 아브넬이었지만 그의 죽음을 애도하며 큰 소리로 울며 슬퍼했습니다. 그때 백성도 같이 울었습니다.

> "[36]온 백성이 보고 기뻐하며 왕이 무슨 일을 하든지 무리가 다 기뻐하므로 [37]이 날에야 온 백성과 온 이스라엘이 넬의 아들 아브넬을 죽인 것이 왕이 한 것이 아닌 줄을 아니라"
> (사무엘하 3:36~37)

여기서 우리가 주목해야 할 곳이 바로 36절입니다. 다윗은 아브넬이 비록 적장이었지만 그마저도 품을 수 있는 마음이 넓은 사람이었습니다. 그 사건으로 인해 다윗은 뜻하지 않게 온 백성의 마음을 얻었습니다. 이게 온유한 사람의 특징이며 온유한 사람이 받게 되는 복입니다.

"온유한 자는 복이 있나니 그들이 땅을 기업으로 받을 것임이요" (마태복음 5:5)

온유한 자가 받게 되는 복이 '땅' 이라고 했습니다. 여기서 말하는 땅은 부동산이 아니라, 땅 위에 살고 있는 세상, 즉 사람을 말합니다. 요한복음 3장 16절에서도 "하나님이 세상을 이처럼 사랑하사 독생자를 주셨으니"에서 '세상' 도 땅이 아니라 이 땅에 살고 있는 하나님의 백성을 말하는 것입니다. 하나님께서 부동산을 사랑하셔서 하나밖에 없는 아들을 보내신 것이 아니라, 이 땅에 살고 있는 죄인들을 사랑하셨기 때문에 보내셨습니다. 따라서 온유한 자가 받게 되는 보상은 땅이 아니라 바로 이 땅에 살고 있는 사람을 얻는 것입니다.

다윗이 사울의 집과 오랜 전쟁 중일 때 다윗을 따르던 백성도 늘 다윗에 대해 긴가민가했을 것입니다. 그런데 다윗이 적장이었던 아브넬의 죽음에도 슬퍼하며 우는 것을 보고, '아, 다윗이야말로 성군이구나! 이제 다윗에게 내 삶과 가족을 맡겨도 되겠다!' 라고 확신을 가지게 됩니다. 이것이 바로 온유한 사람이 세상을 품기 시작했을 때 얻게 되는 복입니다.

셋째, 냄비 같은 마음을 가지고 있기 때문입니다.
감정과 생각이 깊지 못하다는 말입니다. 요나서 4장은 하나님께서 요나를 통해 니느웨에 심판의 메시지를 선포하셨을 때 그곳 왕과 백성이 두려

위하여 회개하게 됩니다. 그로 인해 하나님께서 재앙을 내리지 않기로 하셨습니다. 그 상황을 지켜본 요나의 반응입니다.

"요나가 매우 싫어하고 성내며" (요나 4:1)

"여호와여 원하건대 이제 내 생명을 거두어 가소서 사는 것보다 죽는 것이 내게 나음이니이다 하니" (요나 4:1, 3)

요나가 처음부터 니느웨로 가지 않고 다시스로 도망갔던 이유이기도 합니다. 요나는 니느웨가 잘되는 꼴을 보느니 죽는 것이 더 낫다고 말할 정도로 그들을 미워했습니다.

"하나님 여호와께서 박넝쿨을 예비하사 요나를 가리게 하셨으니 이는 그의 머리를 위하여 그늘이 지게 하며 그의 괴로움을 면하게 하려 하심이었더라 요나가 박넝쿨로 말미암아 크게 기뻐하였더니" (요나 4:6)

하나님께서 박넝쿨로 그늘을 만들어 주시니 요나가 금방 크게 기뻐합니다. 좋아서 어쩔 줄 몰라 합니다.

"해가 뜰 때에 하나님이 뜨거운 동풍을 예비하셨고 해는 요나의 머리에 쪼이매 요나가 혼미하여 스스로 죽기를 구하여 이르되 사는 것보다 죽는 것이 내게 나으니이다 하니라" (요나 4:8)

이렇게 요나의 감정은 기복이 심했습니다. 그 감정의 기복은 요나의 냄비 같은 마음, 즉 깊지 못한 마음이 원인이었습니다. 하나님께서 박넝쿨을 만들어주신 것은 요나를 달래시기 위함도 있지만, 그보다 더 깊은 의미가 있었습니다. 그 박넝쿨은 바로 니느웨 백성을 향한 하나님의 마음이었습니다.

> "¹⁰여호와께서 이르시되 네가 수고도 아니하였고 재배도 아니하였고 하룻밤에 났다가 하룻밤에 말라 버린 이 박넝쿨을 아꼈거든 ¹¹하물며 이 큰 성읍 니느웨에는 좌우를 분변하지 못하는 자가 십이만여 명이요 가축도 많이 있나니 내가 어찌 아끼지 아니하겠느냐 하시니라" (요나 4:10~11)

하나님과 요나의 가장 큰 차이는 무엇입니까? 요나는 니느웨에 대해 자기감정에 충실한 사람이었고, 하나님은 니느웨에 있는 영혼마저 품으신 분이셨습니다. 하나님은 온유하신 분이셨기 때문에 니느웨에 살고 있는 12만 명의 영혼을 품으셨습니다. 그러나 요나는 온유하지 못했기 때문에 니느웨를 이방인으로 단정 짓고 그들이 망하는 것을 보고 싶어 했습니다.

성경에서 직접적으로 온유한 자로 소개한 사람이 있습니다.

첫째, 모세입니다.

> "이 사람 모세는 온유함이 지면의 모든 사람보다 더하더라"
> (민수기 12:3)

왜 하나님께서 모세를 온유한 사람이라고 말씀하셨을까요?

"¹모세가 구스 여자를 취하였더니 그 구스 여자를 취하였으므로 미리암과 아론이 모세를 비방하니라 ²그들이 이르되 여호와께서 모세와만 말씀하셨느냐 우리와도 말씀하지 아니하셨느냐 하매 여호와께서 이 말을 들으셨더라"(민수기 12:1~2)

모세가 구스, 즉 이방 여자를 아내로 삼았는데 모세의 누나 미리암과 형 아론이 모세를 비방하면서 "하나님께서 모세와만 말씀하셨느냐 우리와도 말씀하지 아니하셨느냐"라고 했습니다. 이 말은 모세가 이방 여자와 결혼한 것을 시기하는 것이 아니라, 모세뿐만 아니라 자기들도 율법에 대해서 알고 있기에 모세가 율법을 위반하고 있음을 질책하는 것입니다. 그래서 하나님께서 그들의 말을 듣고 하신 말씀이 "모세는 온유한 자"입니다. 갑자기 여기서 왜 온유한 자가 나왔을까요?

"내 종 모세와는 그렇지 아니하니 그는 내 온 집에 충성함이라"(민수기 12:7)

하나님께서는 모세가 이방 여인을 아내로 맞아드린 것이 정당하다고 말씀하신 것이 아닙니다. 모세만큼 이스라엘 백성을 위해 충성한 사람이 없다는 것을 말씀하신 것입니다. 출애굽기 32장에서 하나님께서는 금송아지를 만들어 놓고 우상을 숭배하고 있던 이스라엘을 진멸하시겠다고 하셨습니다. 그때 모세가 하나님이 맹렬한 노를 그치시고 뜻을 돌이키시기를 기도하면서 "그러나 이제 그들의 죄를 사하시옵소서 그렇지 아니하시오면 원하건대 주께서 기록하신 책에서 내 이름을 지워 버려 주옵소서"(출 32:32) 라고 간구했습니다. 이처럼 모세는 진멸당해야 할 이스라엘마저도 자기 목숨과 맞바꿀 정도로 위하며 가슴으로 품는 온유한 성품의 소유자였습니다.

둘째, 예수님입니다. 예수님의 온유함은 굳이 설명하지 않아도 될 것 같아서 끝부분에서 잠시 다루기로 하겠습니다.

성경에서 직접 온유한 자로 소개하고 있지는 않지만, 한 사람을 더 소개하고자 합니다. 사도 바울입니다.

> "너희를 대면하면 유순하고 떠나 있으면 너희에 대하여 담대한 나 바울은 이제 그리스도의 온유와 관용으로 친히 너희를 권하고"(고린도후서 10:1)

고린도후서 10장부터는 사도 바울이 고린도교회 성도들에게 자신의 사도권에 대해 변호하는 편지의 내용입니다. 고린도교회를 개척하고 다른 시역으로 선교 활동을 나갔을 때 고린도교회로부터 선교 후원금을 받지 않았습니다.

그런데 사도 바울은 고린도교회에 거짓 교사들이 들어가서 성도들에게 가짜 복음을 가르치면서 돈을 받았습니다. 성도들이 거짓 교사들에게 "사도 바울은 돈을 요구하지 않았는데, 왜 당신들은 돈을 요구하느냐?"라고 따졌습니다. 거짓 교사들은 자신들의 요구가 정당하다는 것을 증명하기 위해 사도 바울이 고린도교회로부터 선교 후원금을 받지 않는 것은 그가 가짜 사도이기 때문이라고 말하며 바울을 모함했습니다. 그러면서 사도 바울의 외모를 지적했고, 그의 말이 서툴렀던 것도 지적했습니다. 가짜 교사들은 바울이 외적으로 자랑할 것이 없어서 고린도교회 성도들 앞에서는 유순한 척하고 편지를 쓸 때는 담대하게 쓴 것이라고 말했던 것입니다.

거짓 교사들이 사도 바울이 고린도교회에 있을 때에 유순한 척했다고 했는데, 여기서 말하는 '유순'이라는 말이 '온유'와도 같은 말입니다. 그래서 사도 바울이 고린도교회를 개척하고 그들을 말씀으로 가르치며 함께 했을 때, 성도들이 사도 바울이 참 온유한 사람이라고 인정했고, 가짜 사도들에게도 사도 바울은 온유한 사람이었다고 자랑했을 것입니다.

사도 바울은 유순한 사람이었지만, 다른 모습도 보게 됩니다. 그는 고린도후서 10장 2절에서 "또한 우리를 육신에 따라 행하는 자로 여기는 자들에 대하여 내가 담대히 대하는 것 같이 너희와 함께 있을 때에 나로 하여금 이 담대한 태도(출교)로 대하지 않게 하기를 구하노라"라고 강한 어조로 글을 썼습니다. 이 말은 자신이 지금 고린도교회 안에서 판치고 있는 가짜 교사들을 출교시키기 위해 고린도로 찾아갈 계획에 있다는 것입니다. 그들을 출교시킬 때 가짜 교사들에게 현혹된 사람들도 같이 출교시킬 것이니 그들과 같이 출교시키지 않게 해달라는 당부의 말입니다.

온유한 사람이 어떻게 가짜 교사들과 싸워서 출교시킬 수 있고, 그들에게 현혹된 성도를 쫓아낼 수 있습니까? 온유한 사람은 세상을 품는 사람인데 말입니다. 그런데 우리가 하나는 알고 하나는 모르는 것이 있으니, 그것은 온유의 양면성입니다. 서론에서 온유는 길들여진 야생마와 같다고 했습니다. 야생마가 길들여지면 온순한 말이 됩니다. 그러나 주인의 명령이 떨어지면 야성이 살아나서 주인을 위해 폭발적인 힘으로 달리기 시작합니다. 이게 온유의 양면성입니다.

바울은 이 양면성을 모두 가지고 있었습니다. 하나님과 교회와 성도를 향해서는 철저하게 자기를 낮추며 다가갔지만, 하나님을 대적하고 교회를 어지럽게 하는 자들을 향해서는 거침없이 맞서 싸웠습니다. 이 모습에서 평소에는 사회적으로 연약한 사람들과 함께하셨지만, 하나님의 성전에서 장사하는 사람들을 향해서는 책상을 뒤엎고 채찍으로 그들을 치며 성전에서 쫓아내셨던 예수님의 모습이 연상되지 않습니까?

어떻게 해야 온유한 자가 될 수 있습니까?

첫째, 굳은 마음을 없애고 부드러운 마음을 가져야 합니다.

> "또 새 영을 너희 속에 두고 새 마음을 너희에게 주되 너희 육신에서 굳은 마음을 제거하고 부드러운 마음을 줄 것이며"
> (에스겔 36:26)

이스라엘은 하나님의 말씀을 듣지도 않고 율법을 지키지도 않는 야생마처럼 살아갔습니다. 그 원인이 그들의 돌처럼 굳은 마음 때문이라고 했습니다. 그래서 하나님께서 돌처럼 굳은 마음을 부드러운 마음으로 바꿔주시기 위해 새 영을 그들 속에 부어주시겠다고 하셨습니다. 여기서 말씀하신 '새 영'이 바로 성령입니다. 사람의 의지와 노력으로는 굳은 마음을 부드럽게 할 수 없습니다. 오직 성령이 우리 안에서 역사하셔야만 돌같이 굳은 마음을 스펀지와 같이 부드러운 마음으로 바꿀 수 있습니다. 그래서 온유도 저항할 수 없는 성령의 능력으로 맺어지는 열매일 수밖에 없습니다. 따라서 우리는 늘 성령 충만을 위해 기도해야 하며, 우리 안에서 역사하시는 능력에 저항하지 말고 순종해야 합니다.

둘째, 예수님께 배워야 합니다.

> "나는 마음이 온유하고 겸손하니 나의 멍에를 메고 내게 배우라 그리하면 너희 마음이 쉼을 얻으리니" (마태복음 11:29)

요즘 성품학교에 관해 얘기들 많이 합니다. 저도 기회가 된다면 교회에 성품 훈련과 관련된 프로그램을 도입하고 싶습니다. 그런데 좋은 프로그램을 운영한다고 해서 돌같이 굳은 마음이 온유한 성품으로 바뀌지는 않습니다. 예수님께서 말씀하신 것처럼 예수님께 배워야 합니다.

TV에서 경찰견을 훈련하는 장면을 본 적이 있습니다. 한번 물면 절대 놓지 않다가 주인이 "out"이라고 외치면 언제 그랬냐는 듯이 주인에게 달려가서 옆에 앉아 있습니다. 조련사가 개를 훈련할 때 가장 먼저 훈련하는 것이 '자기를 제어하는 힘'이라고 했습니다. 다시 말해 주인의 말 한마디에 자기의 모든 것을 내려놓는 순종의 훈련입니다.

예수님께서는 야생마와 같은 베드로를 비롯해, 정직하지 못하고 비리 많은 세리도, 의사같이 교만한 사람도, 다양한 사람들을 부르셔서 제자로 훈련하셨습니다. 우리 내면을 가장 잘 아시는 분은 바로 우리 주님이십니다. 주님께서 우리를 훈련하셔야만 우리의 거친 모습들이 조약돌처럼 부드럽게 되고, 우리 안에 거짓된 것과 오만이 사라질 수 있습니다. 그 훈련의 시작은 말씀 앞에 자신을 내려놓고 순종하는 것입니다.

셋째, 자신을 부인하는 삶입니다.

> "³예수께서 비유로 여러 가지를 그들에게 말씀하여 이르시되 씨를 뿌리는 자가 뿌리러 나가서 ⁴뿌릴새 더러는 길 가에 떨어지매 새들이 와서 먹어버렸고 ⁵더러는 흙이 얕은 돌밭에 떨어지매 흙이 깊지 아니하므로 곧 싹이 나오나 ⁶해가 돋은 후에 타서 뿌리가 없으므로 말랐고 ⁷더러는 가시떨기 위에 떨어지매 가시가 자라서 기운을 막았고 ⁸더러는 좋은 땅에 떨어지매 어떤 것은 백 배, 어떤 것은 육십 배, 어떤 것은 삼십 배의 결실을 하였느니라 ⁹귀 있는 자는 들으라 하시니라"
>
> (마태복음 13:3~9)

좋은 땅에 떨어진 씨만 열매를 맺었는데, 열매 맺지 못한 길가와 돌밭과 가시떨기, 그리고 결실한 좋은 땅의 차이는 하나밖에 없습니다. 바로 자신의 본성을 없애는 것입니다. 돌처럼 굳은 땅이 농부의 곡괭이와 삽에 의해 수도 없이 갈아엎어졌고, 보물이라도 되는 양 고이 품고 있던 돌멩이와 나무뿌리 등도 가차 없이 버려졌습니다. 이처럼 땅이 품고 있는 것 중에 열매를 맺는데 방해되는 모든 것을 버려야 좋은 땅이 될 수 있고, 많은 열매를 맺을 수 있습니다.

세상을 가슴으로 품는 온유한 사람이 되기 위해서도 자신을 부인하는 삶을 살아야 합니다. 성경의 인물 중에 처음에는 온유하며 겸손한 삶을 살다 시간이 지나면서 자기 자신을 드러내는 사람들이 있습니다. 이스라엘의 초대 왕 사울도, 처음에는 겸손한 사람이었지만, 시간이 지나면서 하나님보다 자기 자신을 앞세우기 시작했습니다. 아말렉과의 전쟁에서 승리한 사울은 하나님께 감사의 제사를 드리지 않고 자신을 위한 기념비를 세웠습니다. 나중에 다윗이 등장했을 때도 그를 죽이려 했습니다. 사울이 그렇게 된 이유는 바로 이스라엘 백성이 다윗을 사울보다 더 위대한 사람으로 이야기하는 소리를 듣고 그를 시기했기 때문입니다. 결국 사울은 다윗을 품지 못해 불행한 인생의 결말을 맞이하게 됩니다.

인터넷에 '청년들아 부디 이런 교회를 다녀라' 는 글이 있어, 두 개만 인용합니다.

1. 교회 안에서 직분이 중요할수록 낮아지고 겸손해지고 온유해지는 하나님의 사람들이 모이는 교회를 다녀라.
2. 사람의 눈치를 보는 교회가 아니라 하나님의 시선을 의식하는 그런 교회를 다녀라. 부, 명예, 권력이 교회를 좌지우지하는 교회가 아니라 성령에 의해서 움직여지는 그런 교회를 다녀라.

우리 교회가 성령의 열매를 맺는 온유한 성도들이 모인 교회 그리고 사람의 눈치를 보는 교회가 아니라 하나님의 시선을 의식하고 하나님의 말씀에 순종하는 성령의 사람이 모인 교회가 되기를 소망합니다.

말씀의 자기 언어화를 위한 질문

* 읽은 말씀을 자기 언어로 바꾸어서 한 줄로 적어 보시기 바랍니다.

1. 예수님을 믿기 이전과 이후 삶의 큰 변화는 무엇입니까?

2. 세상을 품지 못한 이유는 자기 마음에 들지 않거나, 종지 그릇 같은 좁은 마음이거나, 냄비같이 얇은 마음 때문입니다. 이 세 가지 중에 자신에게 해당되는 것은 무엇입니까?

3. 지금까지 살아오면서 온유하지 못한 마음이나 행동으로 부정적 반응을 드러냈던 경험이 있거나 그런 사람을 본 적이 있습니까?

성령의 열매 "절제"

"오직 성령의 열매는

사랑과	....	모든 것을 변화시키는 시작
희락과	....	자기 틀에서 벗어나는 시작
화평과	....	두려움에서 벗어나는 시작
오래 참음과	....	믿음을 완성해 가는 시작
자비와	....	고통을 함께 나누는 시작
양선과	....	자기 유익을 내려놓는 시작
충성과	....	자기 본질을 드러내는 시작
온유와	....	세상을 가슴으로 품는 시작
절제니	....	**불필요한 것을 덜어내는 시작**

이같은 것을 금지할 법이 없느니라"(갈라디아서 5:22~23)

성령의 아홉 번째 열매인 '절제'의 자기 언어화는 '불필요한 것을 덜어내는 시작'입니다.

'절제'는 지금까지 맺어온 모든 열매의 가치를 높여주기 위해 필요합니다. 가을이 오기 전에 태풍이 몇 번 지나갑니다. 그때마다 과수원의 열매들이 바람에 떨어집니다. 그런데도 떨어지지 않고 가지에 붙어있는 열매가 있는데, 그 열매만이 가치를 인정받아 좋은 상품이 될 수 있습니다. 이렇게 열매가 떨어지지 않도록 붙잡아 주고 있는 것이 꼭지입니다.

이처럼 우리가 사랑부터 온유까지 성령의 열매를 잘 맺었다 할지라도 유혹이라는 바람을 견뎌내지 못하면 땅에 떨어진 과일과 다를 것이 없습니다. 성령의 열매가 하나님과 사람 앞에서 최상품으로 인정받기 위해 꼭 필요한 것이 '절제'입니다. 그래서 '절제'를 다른 성령의 열매와는 다르게 과일이 가지에서 떨어지지 않게 붙잡아 주는 꼭지로 비유했습니다.

성령의 열매 아홉 가지 중에 무엇 하나 중요하지 않은 것은 없습니다. 그러나 그중에서 가장 중요한 열매 하나를 택해야 한다면 저는 고민하지 않고 절제를 택할 것입니다. 사랑도 좋지만, 사랑에 절제가 없으면 서로의 영혼을 죽이는 무서운 결과를 낳게 됩니다. 희락, 기쁨도 좋지만, 절제가 없으면 실성한 사람이 됩니다. 절제되지 못한 온유는 과욕을 품게 됩니다. 이처럼 절제는 모든 열매를 하나님과 사람에게 인정받을 수 있는 최상품으로 만들어주는 중요한 덕목입니다.

절제의 사전적 의미는 '정도를 넘지 않도록 알맞게 조절하거나 제어함'

입니다. 우리는 절제를 흔히 '유혹'이나 '감정적인 부분'으로 생각합니다. 그러나 절제는 심리적, 실존적, 윤리적, 정치적 관점과 같이 삶의 전 영역에서 아주 중요한 위치를 차지하고 있습니다.

사람들은 행복에 대한 오해 때문에 절제를 잃어가고 있습니다.

> "[1]너는 이것을 알라 말세에 고통하는 때가 이르러 [2]사람들이 자기를 사랑하며 돈을 사랑하며 자랑하며 교만하며 비방하며 부모를 거역하며 감사하지 아니하며 거룩하지 아니하며 [3]무정하며 원통함을 풀지 아니하며 모함하며 절제하지 못하며 사나우며 선한 것을 좋아하지 아니하며 [4]배신하며 조급하며 자만하며 쾌락을 사랑하기를 하나님 사랑하는 것보다 더하며" (디모데후서 3:1~4)

이 모든 것이 다른 사람과의 관계에서 나타나는 현상들입니다. 철학자 슈워츠는 "행복의 핵심이 개인에게 있지 않고, 타인과의 친밀함과 사회적 관계에 있다."라고 말했습니다. 공동체야말로 실제로 우리에게 참된 행복을 안겨준다는 것입니다. 그런데 말세로 흘러갈수록 사람들은 공동체보다는 자기 자신을 위해 살아갑니다. 성령의 두 번째 열매 '희락_자기 틀에서 벗어나는 시작'과 반대로 스스로 자기 틀에 갇혀 삽니다. 그러니 돈을 사랑하게 되고, 감사하지 못하고, 정이 없고, 다른 사람을 모함하고, 다른 사람에 대해 사납게 대하고, 선한 것을 좋아하지 않고, 상대방을 배신하고 무엇보다 하나님보다 자기 쾌락을 더 사랑하는 사람으로 전락하고 맙니다.

'하니'의 〈행복〉이라는 찬양 가사입니다.

화려하지 않아도 정결하게 사는 삶 / 가진 것이 적어도 감사하며 사는 삶
내게 주신 작은 힘 나눠주며 사는 삶 / 이것이 나의 삶의 행복이라오
눈물 날 일 많지만 기도할 수 있는 것 / 억울한 일 많으나 주를 위해 참는 것
비록 짧은 작은 삶 주 뜻대로 사는 것 / 이것이 나의 삶의 행복이라오
이것이 행복 행복이라오 / 세상은 알 수 없는 하나님 선물
이것이 행복 행복이라오 / 하나님의 자녀로 살아가는 것
이것이 행복이라오

주일 오전 봉헌송으로 이 찬양을 불렀던 자매의 모습을 보면서 큰 감동을 받았습니다. 왜냐하면, 그 자매는 하나님이 아닌 다른 존재를 하나님이라 믿고 인생의 모든 것을 던졌던 경험이 있었습니다. 교주를 위해 새벽부터 밤늦게까지, 어떨 때는 남의 건물 화장실에서 잠을 자면서까지 충성했었습니다. 그런데도 더 불안한 삶을 살았습니다. 그러나 참된 하나님을 만나고 나서 그동안의 삶이 얼마나 불행했었는지, 그리고 무엇이 참된 행복인지를 깨달았습니다.

참된 행복은 자기 기쁨을 위해 다른 사람과 관계를 단절하며 사는 것이 아니라, 도리어 화려하지 않아도 정결하게 살고, 가진 것이 적어도 감사하며 살고, 눈물 날 일 많지만 기도하며 살고, 억울한 일 많으나 주를 위해 참는 것이라고 고백합니다.

디모데후서 3장에서 말하는 자기 사랑에 빠져서 공동체와 단절하고 하

나님보다 쾌락을 사랑하는 것은 절대 행복일 수가 없습니다. 사탄에게 속지 마십시오. 하나님보다 자기 쾌락을 더 사랑하고, 공동체보다 자기 유익을 구하고, 행복을 위해 돈을 사랑하는 것은 행복이 아니라 일만 악의 뿌리이며 곧 사망입니다.

"무정하며 원통함을 풀지 아니하며 모함하며 절제하지 못하며 사나우며"

흘러가는 분위기를 느껴보십시오. 이 말씀을 볼 때마다 마치 브레이크가 고장 난 자동차가 고속도를 질주하고 있는 느낌이 듭니다.

저는 친구에게 자동차 운전을 배웠습니다. 부산 해운대 요트 경기장 공사가 한창일 때 친구 승용차로 연수를 받았습니다. 친구가 "출발"하면 출발하고, "브레이크"하면 멈추는 것부터 시작했습니다. 한 시간 동안 친구가 저에게 가르쳐준 것이라고는 출발해서 10m쯤 가면 브레이크를 밟고, 다시 10m를 가서 브레이크를 밟는 반복적인 것뿐이었습니다. 운전면허증을 막 취득한 사람이라면 잘 알겠지만, 멋지게 도로를 주행해 보고 싶지 않습니까! 그런데 출발과 동시에 브레이크를 밟는 것만 한 시간 동안 반복했으니 얼마나 화가 났는지 모릅니다. 나중에 생각해 보니 운전의 가장 기본이면서 핵심은 달릴 때 달리고, 멈출 때 멈출 줄 아는 것이었습니다. 다시 말해 달리는 것도 중요하지만 멈출 줄도 알아야 한다는 것입니다.

인생도 마찬가지입니다. 가속 페달만 밟으면서 무조건 질주하는 것이 행복이라고 생각하지만, 그렇지 않습니다. 달리는 것보다 더 중요한 것은 멈추어야 할 때 멈출 줄 아는 것입니다. 인생에 있어 때로는 즐거움도 필요하지만, 그것보다 중요한 것은 절제_자기 통제력입니다.

어떻게 해야 절제하는 삶을 살아갈 수 있습니까?

첫째, '불필요한 것 덜어내기' 입니다.

요한복음 15장은 포도원의 주인이신 하나님께서 풍성한 열매를 맺기 위해 가지치기를 하는 내용이 기록되어 있습니다. 포도원에 많은 나무가 있습니다. 어떤 나무는 그해에 풍성한 열매를 맺었지만, 어떤 나무는 그렇지 못했습니다. 그래서 농부가 기대만큼 많은 열매를 맺지 못한 포도나무의 가지를 잘라내려고 합니다. 그렇다고 바로 자르는 것은 아닙니다. 한 해를 더 기다려 줍니다. 그런데도 열매를 맺지 못하면 농부는 과감하게 가지를 잘라서 불태워버립니다.

잘 모르는 사람은 가을에 가지치기가 된 포도나무를 보면서 왜 가지를 다 잘라버렸나 생각할 수도 있습니다. 그러나 농부에게는 해야 하는 중요한 작업입니다. 지금 불필요한 것을 잘라내지 않으면 내년에 많은 열매를 맺을 수 없기 때문입니다.

성령의 열매를 맺는 데도 불필요한 것은 과감하게 잘라내는 것이 절제입니다. 요즘은 선택할 것이 많습니다. 청년 시절에 친구들과 먹는 것이라고는 치킨, 떡볶이, 빵집에서 빵과 우유, 좀 더 고급스러운 것은 피자와 돈가스 정도였습니다. 그런데 요즘은 선택의 폭이 정말 넓어졌습니다. 메뉴 이름도 외국식이어서 주문하기도 힘듭니다.

청년들과 같이 스타벅스에 갔다가, 어느 자매가 주문해 준 자몽허니 블랙티 휴대폰에 메모해 놓고 혼자 카페에 가면 그대로 읽으면서 주문하곤 합니다.

광명에 가면 아주 큰 빵집이 있습니다. 세상에 모든 빵은 다 모아놓은 것 같습니다. 처음에는 보는 것만으로도 행복했고, 선택해서 쟁반에 담는 것도 참 행복했습니다. 쟁반에 담으면서 '다음에는 저 빵도 먹어봐야지!' 라고 생각하며 행복한 미소를 짓습니다. 그런데 매번 갈 때마다 쟁반에 올라오는 빵은 지난번 먹었던 그 빵 그대로입니다. 동네 빵집에서도 구할 수 있는 빵을 굳이 광명까지 가서 사오고 있습니다.

우리는 선택할 것이 많으면 행복하다고 생각하는데 꼭 그렇지만은 않습니다. 많다고 좋은 것이 아니라 나에게 만족을 주는 것 하나만 있어도 행복할 때가 더 많습니다.

제가 아는 유명한 맛집이 몇 곳 있는데, 그 식당은 메뉴가 딱 한 개밖에 없습니다. 식당에 들어가면 무엇을 먹을 것인지 물어보지 않습니다. 그냥 인원수에 맞춰서 음식이 나옵니다. 이제는 나이가 들어서 그런지 모르겠지만, 뷔페식당보다 입맛에 맞는 메뉴 한 가지만 나오는 식당을 더 자주 가게 됩니다.

삶에서 절제하며 사는 방법 중에는 불필요한 것을 덜어내는 훈련이 필요합니다. 각자 주방의 진열대를 한 번 보십시오. 수납장과 신발장을 열어 보십시오. 몇 년 동안 한 번도 사용하지 않은 골동품들이 가득할 것입니다.

그러면서도 많은 것을 소유하고 있어서 행복하다고 생각합니다. 이제는 불필요한 것을 버리는 것에서부터 행복을 느껴보십시오. 그러면 어느 순간부터 내 삶의 여유 공간이 많아지고 있다는 것을 느끼게 될 것입니다.

둘째, '하나님을 신뢰하기' 입니다.

출애굽기 16장에 보면 하나님께서 광야에 있는 이스라엘 민족에게 만나를 내려주십니다. 그러면서 아침마다 만나를 내려줄 테니 그날 먹을 양만큼만 거두라고 하셨습니다. 그러나 하나님을 신뢰하지 못한 일부 사람들이 며칠 먹을 양의 만나를 거둬서 텐트에 숨겨뒀는데, 다음 날 아침에 벌레가 생기고 냄새가 나서 다 버리게 되었습니다. 내일 무엇을 먹을까, 무엇을 입을까, 무엇을 마실까, 염려하는 사람들이 되고 만 것입니다. 그런 사람들은 자기 창고에 곡식이 가득 차야만 만족합니다. 그러나 하나님께서는 매일 아침 만나를 내려주셨습니다. 만약 그들이 하나님을 신뢰하는 사람이었다면 굳이 내일 먹을 양식을 오늘 창고에 쌓아둘 필요가 없었을 것입니다.

때문에 누가복음 12장에서는 그해 풍년으로 창고에 가득한 곡식을 보고 자기 영혼에 만족을 느끼는 농부를 향해 어리석은 자라고, 그리고 이어서 까마귀와 백합화의 믿음에 대해 이야기 하십니다. 까마귀와 백합화가 무슨 믿음이 있을까요? 비슷한 말씀이 마태복음에서도 나옵니다. 보물을 땅에 쌓아두고 자기 영혼에 만족하는 사람들을 향해 예수님께서는 백합화와 새에게 배우라고 말씀하십니다.

"공중의 새를 보라 심지도 않고 거두지도 않고 창고에 모아 들이지도 아니하되 너희 하늘 아버지께서 기르시나니 너희는

이것들보다 귀하지 아니하냐"(마태복음 6:26)

공중의 새는 심지도 않고 거두지도 않고 냉장고, 냉동고에 음식을 가득 채우지 않는다고 했습니다.

"또 너희가 어찌 의복을 위하여 염려하느냐 들의 백합화가 어떻게 자라는가 생각하여 보라 수고도 아니하고 길쌈도 아니하느니라"(마태복음 6:28)

백합화도 자기 옷을 위해 걱정하거나 수납장에 몇 년씩 쌓아두지 않는다고 했습니다. 왜냐하면, '그들은 새이고 풀이기 때문에!' 라고 하면 동심파괴자가 될 것입니다. 그 의미를 다시 한번 생각해 보십시오. 만약 새가 하나님을 신뢰하지 못한다면 매일 음식을 창고에 쌓다가 하루를 다 허비하게 될 것입니다. 백합화를 생각해 보십시오. 길쌈이라는 말이 옷을 짜다는 말입니다. 만약 백합화가 하나님을 신뢰하지 못한다면 다음 해 봄에 살아남기 위해 잎으로 온몸을 칭칭 감싸서 추위를 이겨내려고 할 겁니다. 그러면 추운 겨울을 이겨낼 수는 있겠지만, 봄이 되면 칭칭 감긴 잎을 뚫고 나오지 못할지도 모릅니다.

그러나 한낱 짐승인 새도 내일도 어김없이 먹을 것을 공급해 주실 하나님을 신뢰하기 때문에 그날 먹고 배부른 것으로 만족할 수 있고, 백합화는 추운 겨울의 땅이 녹고 나면 하나님께서 다시 꽃을 피우게 해주실 것을 믿기에 그해 꽃을 피우는 것만으로 만족할 수 있는 것입니다.

그런데 자칭 만물의 영장이라고 큰소리치는 인간은 하나님을 신뢰하지 못하고 내일을 위해 염려하고, 내일을 위해 오늘 하루를 더 낭비하며 삽니다. 평생 자기 삶을 책임지기 위해 전전긍긍 동분서주 뛰어다니며 인생을 허비하고 있습니다.

백합화와 새에게도 배울 것이 있습니다. 풀과 새도 하나님을 신뢰함으로 절제된 삶을 통해 하나님의 보상을 바라는 것처럼 우리도 절제된 삶을 통해 하나님께서 더 큰 보상을 해 주실 것을 믿어야 합니다.

스탠퍼드대학교 수석연구원 월터 미셸은 유치원 아이들이 자기 욕망에 어떻게 반응하는지 궁금했습니다. 그는 아이들에게 비스킷과 프레즐, 마시멜로 같은 간식을 하나씩 건넨 후에 "그걸 먹지 않고 20분 동안 기다리면 나중에 더 큰 보상을 주겠다"라고 말하고는 방을 나갔습니다. 아이들은 방에 앉아 과자를 바로 먹을 것인지, 아니면 조금 참았다가 나중에 더 큰 보상을 받을지 고민했습니다. 여러 해 뒤, 이 실험은 더욱 유명해집니다.
실험에 참여한 아이들이 나중에 어떤 행동과 성격 특성을 보였는지 조사했는데, 그 결과가 무척이나 놀라웠습니다. 이후 그 실험은 '마시멜로 실험'이라는 이름으로 널리 알려집니다.

최근에 다시 이루어진 마시멜로 실험은 다양한 지점에서 원래 실험의 메시지에 도전했습니다. 심리학자 셀레스트 키드와 동료들은 한 무리의 아이들을 실험에 초대했습니다. 키드의 실험 조건은 미셸의 마시멜로 실험과는 조금 달랐습니다. 아이들 가운데 절반은 자기가 말한 약속을 지키지 않는 신뢰할 수 없는 어른을 만났고, 나머지 절반은 믿을 만한 어른을 만났습니다. 처음에 믿을 만한 어른을 만난 아이들 가운데 3분의 2는 나중에 더 큰 보상을 받기 위해 과자를 먹지 않고 15분을 잘 기다렸지만, 예측 불가능한 어른을 만난 아이들은 14명 중 단 1명만 15분을 기다렸습니다.

이 실험을 통해 인간의 삶에서 중요한 것은 추상적 개념의 자기 절제만이 아니라, 세상과 타인에 대한 신뢰라는 결론을 내렸습니다. 달리 말해 자기 절제 능력이란 오롯이 개인의 의지에 달린 인격 특성이라기보다는 상황과 환경의 영향을 크게 받는 관계적 특성이라고 할 수 있습니다.

지금은 절제를 잃어가는 시대입니다. 개인주의와 개인의 통제와 선택을 강요하는 사회가 절제의 중요성 따위는 전혀 알지 못하는 욕망의 화신들을 양산해내고 있습니다. 이런 세상의 흐름 속에서 그리스도인이 성령의 아홉 번째 열매 '절제'를 맺어간다는 것은 쉬운 일이 아닙니다. 그래서 절제의 삶을 살기 위해서는 추상적 개념의 자기 절제만이 아니라 하나님을 신뢰하는 믿음이 무엇보다 필요합니다.

셋째로, '잘 다듬어진 감정 만들기' 입니다.
절제하기 위해서 무엇보다 필요한 것이 바로 '잘 다듬어진 감정' 입니다. 이게 바로 그리스도의 성품입니다. 사람의 인격에 대해 말할 때 '성품, 성격, 성질' 이라는 표현을 사용합니다. 성품은 다른 사람에 비해 품위가 다르다는 말이고, 성격은 다른 사람에 비해 마음의 격이 다르다는 말이고, 성질은 다른 사람에 비해 질이 다르다는 말입니다. 이 모든 것이 잘 다듬어질 때 좋은 인격이 만들어지고 절제할 수 있게 됩니다.

조던 B. 피터슨의 『12가지 인생의 법칙』이라는 책의 〈법칙 6 "세상을 탓하기 전에 방부터 정리하라"〉라는 내용 중에서 잘못 다듬어진 종교적 감정의 문제로 일어난 사건 몇 개를 소개하겠습니다.

2012년 미국 동부 코네티컷주 뉴타운의 샌디훅 초등학교에서 한 청년이 총기를 난사해 학생 20명과 교직원 6명이 목숨을 잃었습니다. 그로부터 5개월 전 콜로라도주 소도시 오로라의 어느 극장에서는 또 다른 청년이 총기를 난사해 12명의 목숨을 앗아 갔습니다. 1999년 오로라 이웃 도시 리틀턴의 콜럼바인 고등학교에서는 두 학생이 무차별 총격을 가해 12명의 학생과 1명의 교사를 살해했습니다.

이들의 공통점은 광신도적 종교적 신념이었습니다. 그중 콜럼바인 고등학교에서 총기를 난사했던 두 살해범 중 한 사람은 다음과 같은 기록을 남겼습니다. "인간은 보호해 줄 가치가 없다. 다 죽어 없어져야 할 존재일 뿐이다. 지구를 동물들에게 돌려주어야 한다. 동물들이야말로 지구의 주인이 될 자격이 있다. 더 이상 아무 의미도 없다."

역사를 되짚어 보면 나치는 유대인 문제에 관한 '최종적인 해법'을 생각해 냈습니다. "모두 죽여라, 무슨 말인지 모를 것 같아서 다시 말한다. 인류를 말살하라! 한 사람도 남김없이"

미국과 독일만의 문제가 아닙니다. 우리나라도 비슷한 사건이 있습니다. 2020년 10월 14일, 경기도 남양주시에 있는 한 사찰에 기독교 신자인 40대 여성이 방화 후 도주했다가 체포되었습니다. 기독교인에 의한 사찰 방화 사건이 공식적으로 알려진 것만 19건입니다. 그 외에 타종교의 우상 파괴, 초등학교에 세워진 동상의 목 잘라내기 등 많습니다. 창세기에서 가인과 아벨 사건에서도 볼 수 있듯이 가인의 잘못 다듬어진 감정으로 그는 인류 최초의 살인자가 되고 말았습니다.

오늘날도 이와 비슷한 모습이 없을 것이라고 장담할 수 없습니다. 우리에게도 이런 가능성은 잠재되어 있습니다. 우리에게 필요한 것은 잘 다듬어진 감정을 만들어가는 것입니다. 이것은 우리도 잘 아는 사실이지만 이것은 쉽지 않습니다. 때문에 절제 또한 우리의 의지로 되는 것이 아니라, 오직 저항할 수 없는 성령의 능력으로 이뤄낼 수 있습니다.

시대가 어려울수록 세상은 교회를 향해 그들에게 필요로 하는 믿음의 사람, 곧 저항할 수 없는 성령의 능력으로 열매를 맺어가는 성숙한 믿음의 사람이 되기를 소망합니다.

말씀의 자기 언어화를 위한 질문

* 읽은 말씀을 자기 언어로 바꾸어서 한 줄로 적어 보시기 바랍니다.

1. 당신이 생각하는 행복이란 어떤 것입니까? 그리고 그 행복을 얻기 위해서는 어떤 것들이 필요합니까?

2. 절제의 열매를 맺기 위해서는 불필요한 것을 덜어내고, 하나님을 신뢰하며, 잘 다듬어진 감정을 만들어야 하는데, 이 중에서 당신에게 부족한 것은 어떤 것입니까?

3. 마지막으로 성령의 아홉 가지 열매를 살펴보면서, 현재 당신의 삶에서 설익은 열매는 무엇이며, 잘 익어가는 열매는 무엇입니까?